# 爆料商周

## 上古史超譯筆記

野蠻小邦周——著
中研院院士 杜正勝——審訂・推薦

「潮歷史」書系總序

# 反映當前歷史學潮流引領歷史閱讀新風氣

——書系主編／國立中央大學　歷史研究所副教授兼所長　蔣竹山

每個時代都有那個時代的流行歷史著作，粗略來看，我的大學時代是《萬曆十五年》，某個時期是《槍炮、病菌與鋼鐵》，最近可能是《維梅爾的帽子》。從歷史學發展的趨勢來看，現在市面上的歷史類書籍出版，似乎未能反映當代歷史學的走向。整個臺灣歷史學的出版，有一個大趨勢就是全球史作品變多了。

放眼西方歷史學界近十年來的變化，經我統計，透過會議、研究計畫、論著發表來看，可歸納出十個趨勢：情感史、書籍史、文化相遇、歷史記憶、全球史、帝國史、環境史、醫療史、數位史學、公眾史學。相較於這些主題的多元，現有的臺灣歷史類書籍的出版市場就顯得過於偏食。有鑑於此，我們希望規劃一套能夠反映當前歷史學潮流的叢書，既有學術深度，又有可讀性，「潮歷史」因而誕生。

在上述十個既有的趨勢調查之外，我們發現有些面向漸漸受到重視，像是動物史與動物轉向就是過往較少被關注的，人與動物關係的議題從社會學、生態學、倫理學延伸到歷史學，開始注意歷史上人與動物的互動，這便是我們叢書規劃的方向之一。其次，像是我最近正在推動「全球視野下的物質文化史研究群」，物質文化史主題也會是這個書系的重點。又或是我的藏書有大宗的日記，而如何藉由日記反映微觀史與日常生活，這樣的主題亦將出現在我們的名單中。此外，食物史同樣是近來的跨領域研究重點，涉及營養、衛生、醫療、農業及飲食文化等課題，相當值得關注。

歷史是作為一位當代公民最重要的素養之一。「潮歷史」，意指歷史如潮汐，歷史可以很「潮」，是時代的浪潮，更是閱讀的風潮。

最重要的是，在這個時代，我們希望「潮歷史」能夠成為一個歷史創作的新平臺。集結國內外有觀點、有見解、有趣味的嶄新研究與重要論述，不論是國際知名學者、年輕一輩的研究者，或大眾歷史和輕歷史的創作者等，都能在「潮歷史」的規劃下，一起開創和引領華人世界的歷史閱讀風氣，讓這塊土地人民的視野「朝向歷史」。

期待這套「潮歷史」的規劃，既能引進國外的佳作，更能挖掘臺灣本土的歷史寫手——在比例上我們更傾向於後者——藉此翻轉現有人社書籍以翻譯為大宗的失衡現象。

# 爆料商周 推薦序

中央研究院院士　杜正勝教授

歷史有什麼用？

以第一志願考入歷史系的我，在大二那年發出這樣的質疑，後來讀到法國大史家馬克・布洛赫（Marc Bloch）也被他的兒子問到同一問題，他因此撰寫了《史家的技藝》（Apologie pour l'histoire, ou Métier d'historien）作為回答。

二戰期間布洛赫投身抗德，不幸被捕，並在諾曼第登陸前幾天慘遭蓋世太保殺害，此書因而沒能完成，我們不知道他的兒子是否充分了解歷史之用，也不知道現在的讀者是否滿意布洛赫的辯護或技藝。

我想，也許可以換個問法，歷史該怎麼讀才有用？不同讀法產生不同作用，有的用於當個成功的皇帝，有的藉以成為學者，有的獲得做人的智慧，有的則為增益人生的樂趣。

總之，讀懂歷史，甚至讀通歷史，歷史對當事人就會有用了。

然而在問讀者怎麼讀之前，追根究柢還需要問歷史該怎麼寫作？畢竟我們所知道的歷史都是基於史家所撰寫的「歷史」，這才是根源。

繞了這麼個大圈，我不外想提醒本書的讀者在開卷之前先閉目冥思本書要講的「商周」這個時代，你自小到大從不同管道，閱讀的或聽聞的，獲知什麼樣的「歷史」，或說你腦中會浮現什麼樣的「歷史圖像」，再來檢測自己讀過本書以後，你的「商周圖像」產生什麼變化？有沒有增添新內容？會不會扭轉舊意象？

殷商和西周，這個距離二十一世紀的你至少三三〇〇到二七〇〇年的時代，「干卿底事？」從安陽西經洛陽到西安、寶雞，這一片中國黃土地，距離太平洋西沿的臺灣何止數千百公里，又與你何干？一個具有獨立自主思考的讀者應該問自己，也問作者這些問題，而本書給你什麼信息，提供什麼解釋，你是不是尋覓到答案，滿不滿意？應該是評判本書的一項指標。

身為中國古史老兵，對商周時代當然有我的「歷史圖像」，這篇序文不是討論這類課題的地方，但我可以坦誠告訴讀者，本書作者提供很多新資訊，以具體而有情節的人、事、物為主角試著講生動的故事，不像一般印象中的史書，只是乾巴巴的框架而已，至少讓這段歷史的認識更加豐潤充實。本書寫作多利用出土資料，化繁為簡，行文興趣，兼帶詼諧，多少可以把時間隧道遠端朦朧的人和遙遠黃土地發生的不相干的事與你連繫在一起，值得一讀。雖然沒有豔麗國色妲己、褒姒，作者重建的婦好，巾幗不讓眉鬚的形象，證明零星的考古資料也可以講有趣的故事。

據我所知，「野蠻小邦周」是一些專注於中國古史的年輕人，看來他們沒有明顯的師承，而是自闢門徑的學苑豪傑之士，可謂「雖無文王猶興」，即使因嘗試而有些錯誤，亦無傷大雅。我由衷祝福他們能持氣履恆，開闢一片新田園，也希望讀者不吝給予鼓勵。

# 你的傳統不是你的傳統

野蠻小邦周

這不是一本爆料商周雜誌八卦的書。

但這是一本幫助你了解早期中國樣貌的書。

人們很喜歡講「自古以來」，可是所謂的古，到底是多古？戰國邏輯大師墨子曾經吐槽那些儒生：「你說要復古才能成為仁者，但古人的言語，古人的衣服，在他們的年代都是流行語和流行服飾。所以你崇拜的那些古人，自己並不穿古服，也不說古語，那就不符合你說的復古為仁條件，所以你崇拜的古人不是你夢想的仁者，這簡直是笑死人了！」其實現代這種人不少，他們總是喜歡打著傳統、復古的旗幟，認真說起來，他們真的懂傳統中國文化嗎？

若從專業角度來看，唐宋元明混雜了印度佛教的思想元素，似乎已經不是那麼「純」的中國了（笑），更遑論由滿人治理的清朝。但是，秦漢帝國以前的世界，就真的很「中國」

嗎？很抱歉，劉邦、項羽皆楚人，而楚王又曾經囂張地說「我蠻夷也。」好像……也不是原汁原味的華夏？

我們這本書介紹的商周時代，是孔子心目中的理想國，是他一輩子奮鬥要回到的黃金年代，他寤寐思服的是這個偉大時代的締造者周公。拜考古學的發達所賜，現代人很幸運，比起孔子、司馬遷，能看到更多出土文物。我們不敢說比孔子更了解商周時代，但對於人們愛說的「傳統中國」，我們或許會有一些不同的看法。

三千年前的商周文化不僅夠久，作為傳統文化的根源也很夠格，更是孔子認證的黃金時代。（古人稱青銅為金，可說名副其實。）可是，黃金時代究竟是什麼模樣？家庭和樂，兄友弟恭，夫妻相敬如賓，人人講禮又文明？

事實上，從很多古籍文獻和出土資料看來，商周文化似乎不像大家以為的那樣美好。商周時代的人們，會煩惱自己得罪哪路神明，要怎麼祭拜才能解決問題。他們也會因為開快車而出車禍，為了搶奪家族財產而大吵一架，甚至為了解決不了的紛爭搞到告上法庭。我們以為的傳統文化奠基者、先賢哲人想恢復的黃金時代，其實好像也跟電視機裡的社會新聞沒差多少嘛？

談起古文明，大家會興奮地說起埃及、希臘、馬雅等等奇事異聞。但同樣是上古文明的商與周，可能對大多數人而言是很陌生的。遙遠的商朝與周朝，大概除了酒池肉林跟睡覺夢見的周公之外，就沒有什麼令人印象深刻的事了。但在古書單薄的記載之外，我們何其有幸，竟能從考古學家手上看到古人留下的第一手資料，像是他們的紀念獎盃、祭禱文書、占卜文字，甚至是打贏官司的判決書、生活中使用的鍋碗瓢盆。他們留下了憑證，我們看到了歷史。

二〇一五年春天，野蠻小邦周誕生了。原本我們只是一群研究古文字與上古史的碩博士生，鑑於這個領域的冷僻，只好組成自救讀書會，相互交換讀書心得與研究訊息。然而，隨著「故事」網站崛起，居然有幸獲得「故事」編輯的邀請，希望我們在上頭發表上古史文章。我們當時既興奮又害怕，興奮的是，能夠得到最具影響力的人文新媒體平台青睞，害怕的是身為碩博士生的我們是否被認為不務正業，為了避免「真身」曝光，我們為自己取了一個筆名，便是「野蠻小邦周」，幻想著這樣就不會有人發現我們是誰了。

從此，一步江湖無盡期，讀書會走上了歷史普及之路，而這本書就是改寫自野蠻小邦周成立以來發表過的絕大多數文章，也是我們關於「商周歷史」的第一本作品。

本書的上編：「商周人和你想得不一樣」，主要聚焦商周兩個時代的社會生活以及文化傳統。二十一世紀的今天，與三千多年前的商周時代距離遙遠，大家多半認為這種渺茫的時代沒有必要認識，然而每當社會面臨新的議題或改革時，卻又有不少人以維護傳統文化為名，呼籲相關改革應該謹慎以對。可是，究竟什麼是中國傳統文化呢？

是兄友弟恭？夫妻相敬如賓？還是充滿禮樂的和諧社會？我們選擇了神明、拜拜、車禍、女性、家庭紛爭等題材，希望為讀者揭示上古時代人類生活某些樣貌，同時也想透過揭露這些當時人的第一手紀錄，叩問傳統中國文化究竟是什麼。

讀者或許會發現，商周時代雖然有些令人震撼的面向，像是多妻多妾、滅國屠城、權貴政治，甚至不把人當人看的濫殺戰俘人牲用以拜神。但也有很多時候是很可愛、很貼近現代生活的一面。說到底，歷史無非是人與人、人與自然發生的那些事。人生在世，要生存、競爭、追夢或是成家立業，古人不用嗎？當然要，目標都是一樣的，物質憑藉與手段不同而已。

本書的下編：「商周邦國群像」，是想為讀者揭示商周兩代的政權是如何崛起覆滅，以及它們與周邊的邦國又是如何往來。過往我們接觸中國史時，其實視角是比較狹隘的，集中在政權更迭的一角。相信很多人只記得商朝推翻了夏朝，周朝又推翻了商朝，好似當時的神州大地上除了夏、商、周三位主演外，其他地方沒有演員一樣。

近來的考古發現卻告訴我們，在紂王與姜子牙鬥法的舞台之外，也有或大或小的聚落存在，包括大家熟悉的三星堆，也有較為陌生的吳城文化、炭河里古城、鄂國等等。這些聚落或政體和商、周彼此交流，互相影響。這讓我們不禁要問，所謂中國的圖景，是否也該有他們的身影？

這張顛覆大家過往所知的歷史地圖是想提醒讀者，所謂的「中國」或「中國文化」並非單一而線性的。它不是「你方唱罷我登場」的王朝更迭，文化也不是想當然爾的繼承，它是不同政體相互影響下的結果。

如同我們的筆名「野蠻小邦周」所反映的那樣，那個被後世視為禮樂文明起源的周朝，曾經也是被商王朝瞧不起的邊陲野蠻人，甚至連自己都看不起自己，只敢自稱「小邦周」（小小的周國），而將商王朝稱為文明的「大邑商」（大大的商國）。

不過就如我們在歷史課學到的，小小的善良的周國注定要來消滅大大的壞壞的商國。曾經「野蠻」的小邦周，開國後繼承了商的文化與人才，吸收了商的政治制度、藝術審美；並結合本土風俗習慣、社會結構，慢慢走出了自己的路，形塑出周文化，甚至成為後來中國傳統文化的根源。

從「小邦周」的故事我們可以看到，被視為野蠻的周人可以打造輝煌的文化，邊緣的周國也可能變成中心，因此，無論商周政體如何強大，文化如何具有影響力，我們都不應該因為聚焦中心，而忽視邊緣。畢竟，沒有邊緣，中心也就難以被突顯。有時候，邊緣反而才是決定歷史走向的那一方。

身在臺灣，我們相對於商周與中國來說，也是一個邊緣。我們如何站在臺灣的視角，觀看與中國的關係或是中國文化的影響？在臺灣社會主體性逐漸為人所重視的今天，或許有人主張切斷中國相關因素是突顯臺灣的好方法，但我們不認為這是一種理想方式，畢竟中國傳統文化仍是形塑臺灣社會價值觀很重要的一部分。相反地，或許唯有認識它、理解它，甚至思考中國文化在這個社會所扮演的角色與發揮的意義，才有可能建立堅實的自我認識。

而野蠻小邦周想做的，就是書寫一本「給臺灣人的商周史」，期盼能用不同的眼光，重新看待這個我們或許習以為常的中國文化。

本書的完成要感謝非常多人，首先，謝謝遠足文化的李進文總編以及王育涵編輯，沒有你們的協助，本書不可能順利完成並上市。其次，感謝中研院院士杜正勝老師惠賜推薦序，為小書增添無比榮光。其三，感謝「故事」網站，沒有「故事」網站就不會有野蠻小邦周，也不會有本書的文章，感謝你們多年來提供平台讓我們有機會被大家看見，希望未來能再供稿給故事。其四，感謝中央大學中文系胡川安教授，沒有您的提議與提攜，野蠻小邦周大概沒有勇氣把這些文章集結成書，也不會有今天寫序的機會。最後，感謝多年來支持野蠻小邦周的讀者，無論是在「故事」網站或是「野蠻小邦周」臉書粉絲頁平台，沒有你們的觀看、按讚與回饋，野蠻小邦周是不可能走到今天。

野蠻小邦周　二〇二〇年三月記於首都邊緣的深坑總部

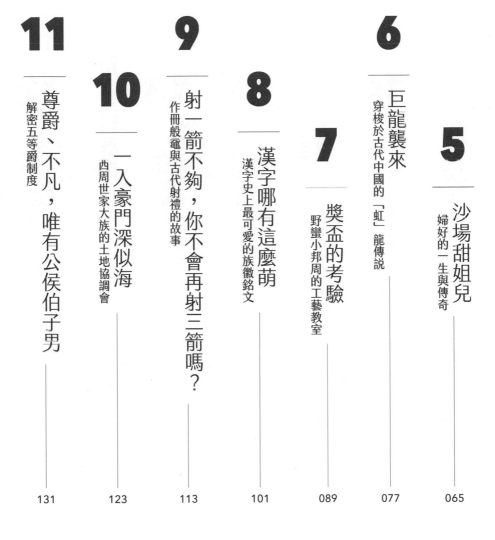

# 下編　商周邦國群像

上編

# 商周人和你想得不一樣

# 01

# 與神同行

## 甲骨文中的商代神明

地震震不停，強颱一直來，面對無情的天災，你想到的是什麼？是領導人德不配位？還是氣象與板塊呢？毫無疑問，一個受過基礎科學教育的現代人，不會把天災全歸諸於冥冥之中的某種事物。

但在上古時期，人類還無法了解自然變化的原因為何，因此把自然變化全歸因於神的操縱。在商朝時，人們也相信神明控制著大自然種種浩瀚神祕的力量。商人的神明有哪些？是一神還是多神？是否有尊卑上下之別？又有什麼令人敬畏的權能？有沒有流傳到現代民間信仰仍然存在的神明呢？用來尋求鬼神之力並預卜未來的甲骨文中，留下了大量商代神明的材料，以下就來介紹甲骨文中的那些商代神明。

# 上帝與他的歡樂夥伴：帝與五介臣

## 上帝

「你聽過上帝嗎？」

假如有位基督教的傳教士穿越到商代，肯定會心滿意足，因為商朝人幾乎都相信上帝的存在。不過此「上帝」非彼「上帝」，最後恐怕會雞同鴨講，不歡而散吧。

如同今日熟知的玉皇大帝，商朝人相信在天上有一個和人間相仿的朝廷，當中有位坐鎮中心的皇帝。當然，皇帝這稱謂是秦始皇發明的，在此之前，商人稱呼祂為「上帝」或是「帝」。

在古文字裡，有時將「上帝」這兩個字合寫成一個字。

有學者認為，商人所謂的上帝，既是至高

神，也是宗祖神，商王因為是上帝的嫡系後代，才有統治天下的權力。到了中、晚期的甲骨文，商王會稱死去的父親為「帝」，這也表明了商王認為自己的血脈是上帝親傳、嫡系、正宗、尊爵不凡、傲視各族、僅此一家，絕無分號。與周王稱為「天子」——天之長子，是相近的意思。

上帝既然被如此推崇，想必神力相當強大，其威能主要可分成「給你甜頭」跟「給你苦頭」兩種。

## 第一：給你甜頭

由於是農業社會的大神，人們最看重的當然是上帝降雨的能力。因為風調雨順才能五穀豐收、經濟起飛、讓大邑商超越大邑商。降雨得當，可以讓當時的人們豐衣足食，因此降雨可說是上帝與其他自然神的基本款功能。

**「帝令雨。」**

這是詢問上帝要不要賞賜雨水的占卜。但只問要不要下雨實在太含糊了，商代巫師的精準度若只有這點程度，對農時並沒有什麼助益。因此，商代占卜者不僅能算，還能算出什麼時候會下雨。

**「今十一月帝令雨。」（今年十一月上帝會命令下雨。）**

除了問到幾月下雨外，還可以問到更加精確的程度。

**「自今至于庚寅，帝令雨。」（從今天到庚寅日，上帝要不要降雨？）**

**「生八月帝令多雨。」（來年八月上帝會不會降下大雨？）**

這裡除了展現商代巫師的神算外，也可見上帝對降雨這件事，能做到多麼細微的安排，不僅能預約降雨時間，也能控制雨量大小。

說到雨就不得不提到風，所謂「風調雨順」，因此人們希望神明除了能降雨，也要有掌握風的能力。

**「貞：翌癸卯帝其令風。」（明天癸卯日，上帝要不要命令起風？）**

如果說上帝只會吹風下雨，好像沒什麼特別的，既然是上帝，關於大氣的一切，當然是悉數包辦，其中打雷也是上帝的拿手好戲。

**「貞：帝其及今十三月令雷。」**

**「帝其于生一月令雷。」**

這兩句是問十三月和明年一月上帝會不會打雷。說到這裡大家或許會好奇：十三月是什麼東西？其實這是因為上古曆法對閏月的配置與現今不同，上古時期有時會在年終置閏月，但由於曆法不夠嚴密，多的日數甚至可以置閏到十四月。

**「癸未卜，爭貞：生一月帝其弘（強）令雷。」（來年一月上帝會不會降下雷電？）**

這兩片甲骨文都在歲末卜問來年年初的雷雨狀況，這正是古時農業社會密切注意的重要事件。只要春分與驚蟄有雷雨，就能為今年的豐收立下保證。

除了風調雨順外，上帝其餘的花招雖然也不少，但總不離保祐人們在各種事務上順利平安。

**「伐工方，帝授我祐。」（討伐工方（國家名），上帝是否保祐我軍？）**

從這裡可以看出上帝除了管天氣，還可以管運氣，更能左右戰爭的勝敗。除了戰爭外，工地營運順利與否也會問問上帝，例如：「貞：王作邑，帝若。」「若」在古文字裡寫作下圖的形狀，像梳理長髮的樣子。頭髮梳理後順暢不打結了，因此「若」也有順暢、順利的意思。所以前面這句話的意思是：王要興建據點，問上帝要不要保祐施工順利？

## 第二：給你苦頭

上帝雖然會給人好處，但未必總是如此仁慈。反覆無常的大氣現象，就像一個喜怒不定、難以相處的老大哥。難相處的老大哥會帶給人們什麼樣的麻煩呢？以下介紹幾種上帝對人類的懲罰。

### 1．旱災：

上帝如果持續一直不下雨，天氣炎熱乾燥，就會有旱災。

**「上帝降艱。」**

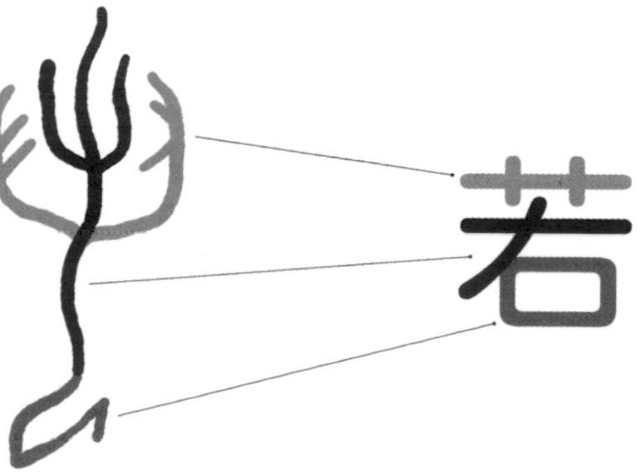

**「不雨，帝其艱我。」**

這兩條都是在詢問上帝會不會給我（大邑商，商朝的自稱）降下旱災，讀者從「不雨」也可以看出些端倪。現今漢字幾個由此衍生出來的字：「艱」、「難」、「瘽」（音同僅）、「饉」皆與旱災有關。國家與人民皆會因缺乏農糧而面臨絕境，所以商王對上帝才會如此敬奉尊崇。

## 2 風災、雨災

不下雨很可怕，但下太多也很可怕。雨下得太多、太大、太急，通常會淹水。淹水，同樣會讓農作物完蛋，因此商王當然要叫人占卜，問問風雨會不會釀災。

**「風不唯憂。」（風會不會造成憂患呢？）**

**「茲雨唯憂。」（這場雨會不會造成憂患呢？）**

對於生活在水泥叢林的我們來說，颱風颳得再大，只要乖乖待在家裡，就不太會有問題。但在農村就不是這麼簡單，房屋會被吹倒，莊稼會被摧殘，要是今年農作被突如其來的陣風或是大雨破壞，農人就沒有收穫，沒有收穫朝廷就會缺糧，缺糧國家就會完蛋，國家完蛋大家就要流離失所啦！因此掌控風雨的上帝，一定要好好用心地伺候著。

## 3 傷害國王或城市

祖先神能讓商王生病，上帝也行，甲骨文有「帝肇王疾」，據學者研究，「肇」字有致送之意，說白話點，就是上帝給商王來個疾病歡樂送。

此外，上帝可以用疾病傷害個人，也能大範圍的傷害人民。

**「帝唯其終茲邑」（上帝是否要終結我們這座城市？）**

這句記載透露出商朝人面對巨大天災的恐懼感。由於城市多半依水而建，以便取水與運輸，一旦降雨太多，河水氾濫，城市難免因此遭受滅頂之災。不過這裡的「終」字有很多的可能性，也可能是詢問上帝是否要終結我大邑商？「終」意義雖然不確定，但整體來看應是攸關城市、國家的事。

總而言之，上帝對商王朝的影響，是由風雨雷電之類的大氣現象為主，進而控制豐收或欠收、賜福或降禍，深遠地影響商的國運。

雖然商人如此敬畏祂、害怕祂，卻很少向祂祈求。這現象引起很多中外學者的興趣，為什麼上帝如此崇高，卻又鮮少祭祀與祈求呢？

有人認為上帝太崇高了，所謂「閻王好見，小鬼難纏」，不如好好祭祀那些比較好說話的神明與親近的祖先，反正同樣也能達到效果，何樂而不為呢？

## 五介臣

上帝如果處理每一位信眾的事都要親力親為，也是挺麻煩的，因此他有五個歡樂夥伴幫助他。這個五人團體的稱呼很多，像「五介臣」（介是輔佐的意思）、「帝五臣」（上帝的五個臣子）、或「帝工」（上帝的手下）等等，主要都是表明這些神都是上帝的部屬。

**「于帝史風二犬。」（用兩條狗獻祭給上帝的使者「風」好嗎？）**

**「帝工害我，又卅牢。」（五介臣要給我們難看，獻給他們三十副牲禮足以平息嗎？）**

從這兩句可以看出「風」是上帝的使者。目前其餘成員還沒有明確的證據可以對應。不過就風的屬性來看，其他四位也很有可能是其他大氣現象的化身吧！甲骨文裡有句記載：「侑（某種祭祀）于帝五臣，有大雨」，似乎暗示著帝五臣與降雨的關係。

那麼商代有沒有雲、雨、雷、雪等神明呢？

甲骨文有「乎雀燎于雲犬」，是卜問是否要叫貴族「雀」去為「雲」舉行祭祀，也有為「五雲」、「六雲」祭祀的占卜紀錄。

至於這些雲界的「5566」具體所指為何，現在也難以考證了。除了「雲」之外，其他的大氣現象鮮少出現祭祀紀錄，比較多的是卜問其他神明要不要處理雨、雷、雪的問題，而神明的專職性仍不明顯。

說完天上的事情，也得說說地上的東西。

## 大地的妝容：社、山、岳、水

### 社

社，相當於現在說的土地公，是管理大地的神明。雖然太陽餅裡沒太陽，老婆餅裡沒老婆，車輪餅裡沒車輪，但是「社」字裡還有一個土，可說是真心不騙，良心事業。在甲骨文裡「社」就單寫一個「土」字，常常與「河」、「岳」並列。藉由甲骨文與後世文獻，我們知道甲骨文祭拜的這個「土」，就是後世所說的「社稷」的「社」。

**「辛巳貞：雨不既，其燎于郊社。」（辛巳日占卜：雨下個沒完，要不要去郊外的社**

舉行祭祀。）

**「勿燎，啟。」（不要舉行祭祀，會放晴？）**

「社」除了可以調節風雨、豐收，也可以除去不祥，不過前兩者還是比較常見的。像「王求雨于社」是商王向社請求降雨，「禦于社」是向社神祈求除去不祥。在甲骨文裡社神的個性還不錯，不太會有發飆的時候，不像上帝那麼難以討好，弄得商王全家雞犬不寧，商朝土地公真是佛心神明吶！

## 山、岳

山有山神，水有水神，六福村有大怒神。商人相信神祕崇高的深山有偉大的神靈存在。甲骨文卜問的紀錄中，山神常被詢問能否降雨，這點是商人信仰的特別之處，上帝看似掌管很多天象，但賜雨並非上帝的專利，地面上的神祇也能賜雨。

**「丙寅卜：其求雨于山。」（丙寅日占卜：要向山神求雨？）**

如同前述有五雲、六雲一樣，山神當然也不會只有一位。甲骨文有「五山」、「九山」、「十山」、「三山」、「二山」等山神團體稱呼，現在我們難以確知像「三山」之類的稱呼，指的是哪些山頭，但肯定不會是松山、華山和中山。

無論如何，山神的能力主要是降雨。可能是古人見山上有雲霧翻騰，相信山和雨有一定的關係，因此才會祭山求雨。

有些山比較特別，商人給了不同的稱呼——「岳」，有學者認為「岳」是特指山西的霍山，但目前還無法確定。岳的能力有什麼呢？除了基本款「降雨」外，岳能「害雲」、「害禾」甚至是「害我」（妨礙商王或商王國），可以看到商朝人也是頗為害怕山岳的力量。

或許讀者會想問一個問題：那些山啊、岳的，可能離位於河南的商王朝首都安陽有點距離，要怎麼祭呢？有幾條甲骨文可以讓我們看到商王祭岳是什麼情況。

**「貞：使人于岳。」（派人到岳祭祀？）**

**「即于岳。」（親自到岳祭祀？）**

**「貞：舞岳有雨。」（為岳跳舞求雨？）**

「使人」可能是商王派人，而「即」可能就是說商王要親自去。根據考古發現，在無人居住的山川間有一些埋藏在坑裡的銅器，這不是古人辦野餐派對留下的餐具，也不是偉大航道上的財寶，而是古代人走到深山埋下，作為送給山神、水神的祭祀禮品。

## 水

根據文獻記載，商王國早期經常像霍爾的移動城堡一樣搬來搬去。他們最後遷到今天河南安陽的洹水（洹，音同桓）邊上，打造河景第一排的首都「大邑商」。商人害怕洹水氾濫，也會為洹水舉行祭祀，見以下這條占卜紀錄：

**「侑于洹九犬九豕。」（用九條狗與九頭豬為洹水舉行祭祀？）**

商王國的首都建立在洹水繞成「冂」字形的河曲地上（詳見本書第十三篇〈穿梭陰陽宅〉），這樣可以讓洹水成為天然的護城河。洹水包圍在殷都北面與東面，可說是商王國首都的命脈，自然而然就受商人所祭祀。而且要是洹水不開心，還會氾濫成災。「洹其作茲邑憂」，就是在卜問洹水會不會帶給城市憂患，因此商人當然要好好安撫這條首都之河。

## 結語

商人的信仰很特別，前面寫了那麼多神明和他們的能力，可以看到他們並沒有很明顯的業務區別，下雨可以向上帝求、向山神求、向水神求……只要有神明願意幫助他們就行了。

介紹完商代的神明，或可遙想商人面對浩瀚無窮、變化無常的天空時，是何等的心情？或者在登高望遠時，揣摩商朝人如何看待自己壯麗的山川？粼粼洹水繞城，在更遠處是洶湧的黃河與崔巍的太行山，彷佛有神靈在守護著商人心目中最偉大的城市——大邑商。

## 參考資料

陳夢家，《殷墟卜辭綜述》，北京：中華書局，一九九八年。
常玉芝，《商代宗教祭祀》，北京：中國社會科學出版社，二〇一〇年。
具隆會，《甲骨文與殷商時代神靈崇拜研究》，北京：中國社會科學出版社，二〇一三年。
裘錫圭，《古代文史研究新探》，江蘇：古籍出版社，一九九二年。
方稚松，《殷墟甲骨文五種記事刻辭研究》，北京：線裝書局，二〇〇九年。

02

# 別讓祖先不開心

## 甲骨文裡的「拜拜」那件事

奉上鮮果或三牲，跟著家族裡的其他人，一齊對著祖先牌位虔誠地祭拜，耳邊還夾雜著呼喚某位先人回來用餐的禱告辭。以上情景，大概是多數臺灣人的共同記憶。也許儀典、供品這些細節會隨著時代而改變，但祭祀祖先這件事一直都代代相傳著。

當我們在拜拜時，可能會想像祖先神靈總是慈眉善目、關愛後嗣，如同生前一樣與家人用餐，和樂融融。然而，在甲骨文的年代，對於祖先的認知和我們其實有不小的落差。商人的祖先究竟是庇蔭子孫的天使，還是喜怒無常的鬼神呢？就讓我們從甲骨文中一一揭曉。

## 保祐子孫大豐收

一般人的祖先關照的是一家一姓的福祐，而作為一國之君的祖先，自然要幫忙子孫度過國家難關，轉危為安。人間的禍福，在以農業為主體的中國上古社會中，以雨水的多寡最為重要。在農業社會中，長期的乾旱甚至可能危及政權穩定。商朝沒有大氣知識，也沒有專業氣象台，更沒有人工降雨，遇到缺水他們只能求神問卜，看看哪位祖先有辦法處理。獻上一些土產，請他們弄點雨水出來。有一片甲骨文記載：

**「己未卜，禱雨自上甲、大乙、大丁、大甲、大庚、大戊、中丁、祖乙、祖辛、祖丁十主，率牡。」**

這段卜辭大意是說：商王在己未這天鑽燒了龜殼卜問。從上甲以降十個祖先神位，都用公羊為祭品來求雨好不好？

對於農業社會來說，除了風調雨順，也要求五穀豐收。例如：「貞：禱年于大甲十牢（高級牲禮），祖乙十牢。」這是商王卜問求豐年於祖先大甲、阿乙各十套牲品好不好？又如「于高祖亥禱年」，是向商人古老的高祖「王亥」祈求豐年，對當時的國王武丁來說，遠在商湯建國之前的王亥，距離自己有十幾個世代之遙，根本是個神話傳說級別人物。可見祖先不論時代遠近，都可以用他們超自然的力量影響活人。

## 疑難雜症找祖先

除了上述那些國家大事要找祖先相助之外，健康出現問題也要找祖先問個明白。例如甲骨文有一條記載：「王其侑勼于祖丁」（勼，音同鈣），意思是商王詢問是否要向祖先「丁」舉行「侑」祭來勼（祈求）某些事物。

同樣是求，也有求疾病遠離的，正如同有些臺灣人會在親屬得到怪病時，到廟裡求神拜佛，使疾病消失。在巫醫不分的年代，以鬼神之力驅病，可說是再平常也不過的事。

三千年前的商代人也會生病，他們的疾病有「疾身」、「疾齒」、「疾趾」、「疾目」等等。我們之所以會知道商王身體曾經生過各種疾病，正是因為生病後要靠甲骨卜問神靈而留下紀錄的緣故。

有些關於驅病的有趣紀錄，像「貞疾耳，唯有害」，這是在卜問商王耳朵不爽快，是不是鬼神在搞怪？有些時候商王已經確定是某位祖先在不開心，因此卜問「己未卜，唯父庚害耳」，這就更直接的點名「父親阿庚」害他耳朵痛。這也意味著祖先可以幫你，但你若讓祖先不開心，他也會害你。這種觀念和某些風水觀念很像，若是祖墳位置欠佳，讓祖先睡在潮溼陰暗不舒服的環境，祖先將會把承受的苦痛加諸子孫，以示警告。

那麼，該如何讓祖先開心，好解除病痛，就是一個重要的問題。

甲骨文有「庚戌卜，朕耳鳴，有御于祖庚羊百有用」，這是條有趣的例子，庚戌這天商王卜問他耳鳴的問題，可能經過與巫師的討論後，詢問為祖先阿庚*舉辦「御祭」（即目的為清除不祥的祭禮），用一百頭羊好不好？在巫醫不分、醫藥水平未發達的上古時代，便已經可以辨別不同的耳朵疾病。然而，當時也只能使用巫術與祭祀來試圖解除身體病痛。

相似的例子還有很多，如：

**「貞疾口，御于妣甲。」問口腔有病，該向女性祖先阿甲舉辦御祭嗎？**

**「貞疾舌，求（咎）于妣庚。」問舌頭有病，是女性祖先阿庚不開心嗎？**

**「貞疾齒，唯父乙害。」問牙齒痛，是因為觸怒了父親阿乙嗎？**

**「貞毋御齲。」問「不想」為蛀牙舉辦御祭可以嗎？**

**「貞子漁疾目，祼告于父乙。」問貴族阿漁眼睛有毛病，是否該為父親阿乙舉辦祼祭（一種將酒淋在香草上的祭儀。祼，音同灌）來安撫他呢？**

**「丁酉卜賓貞：疾身于南庚御。」問全身不舒服，該為前前前前前前任商王的叔公南庚舉辦御祭嗎？**

相關的商代疾病紀錄，在甲骨文出現頗多，族繁不及備載。

## 惡夢連連問祖先

除了疾病外，夢也算得上是困擾人的大麻煩。人會作夢不奇怪，但夢到鬼，那就不是簡單的事了，可能是幽冥之力的警告。在春秋時期，有位晉國君主夢到厲鬼闖進他的寢宮要殺他報仇，醒來後問了巫師與醫生，都告訴他活不過一年，可以準備辦後事了。晉國君主撐過了一年後，自鳴得意地以為破除了鬼神詛咒，孰料樂極生悲，當天在上廁所的時候，腳踏沒踩穩，跌進糞坑溺死了。（堪稱十大離奇死法之首）

因此在上古時代，有鬼入夢相擾，當然也要用求神問卜加拜拜來化解囉！

**「丙申夕卜，子有鬼夢，祼告于妣庚。」**

這段卜辭是一個商代大貴族「子」的占卜紀錄。據研究指出，「子」有自己的封地、家臣、僕從，與商王關係密切，地位崇高。然而即使是養尊處優的上層階級，一樣有夢中看到鬼的困擾，因此詢問是否要為女性祖先阿庚舉辦祼祭。

此外，對商朝人來說，夢見祖先是一種警告，有時候還是件壞事。商王武丁的王后，亦即大名鼎鼎的「婦好」某天夢見了過世的公公：

**「貞：婦好夢，不惟父乙？」**

不知是不是武丁的父親「小乙」對她的媳婦感到不滿，出現在婦好夢中，因此商王派巫師占卜，如果確認，就會舉行祭祀平息已故父親的不悅。

## 時時取悅老祖宗

俗語說：「平日不燒香，臨時抱佛腳。」當祖先不開心開始降禍的時候，才想到要舉行祭祀敷衍一番，恐怕為時已晚。為了防患於未然，商人會定期舉行祭祀，時時取悅他們的先祖，不讓祖先有一絲的不開心。為此他們創立了規秩浩繁，隆重非常的祭祀制度——「周祭」。

「周祭」並非商人的稱呼，是現代學者研究後擬定的名稱。過去，甲骨文學者董作賓已發現第五期甲骨文（紂王與他爸爸那一個年代的甲骨文）中，有用五種不同儀式祭祀先王先妣的紀錄，並且極有規律，依照世次與日干（甲乙丙丁）排入祀典。今天拜曾祖父，後天拜祖父，三天後拜父親，秩序井然，有條不紊；簡單來說，就是商王拜拜專用的「行事曆」。其後學者認為這種「周遍祭祀」先祖的行為，井然有序，故稱之為「周祭」。好啦，這樣拜過一輪，總不會有祖先因為被忽略成邊緣人而不開心了吧？不得不說，商人這套也是絕了。

除了周祭外，因為商王祖先有數十位之多，有些祖先彼此之間的關係很疏遠，而有些是三兄弟、四兄弟的親密關係，看起來就像不同的小團體，所以商王會將數量眾多的祖先加以分類，一次祭祀指定組別的祖先。

甲骨文有記錄祭祀「五示」（五個神主）、「六示」、「十小」、「三介父」（介指旁系，即三位叔父）、「七介」、「十介」，最多可達「二十又三示」。這些都是指定組別的祖先群，因為商王有時以兄終弟及的方式繼承王位，因此這些「介」，就是區分直系還是旁系的標記。在祭祀的順序上也有講究，從離自己時代較近的祖先（如父親與祖父）開始呢？還是從遠祖開始祭祀呢？這些細節都需要好好地卜問先祖的心意才能確定。

**「乙丑卜，貞王賓武乙歲，延至于上甲，卯，無吝。」**

這句甲骨文的紀錄，正是當時的商王卜問從武乙（紂王的曾祖）一路向上拜到上甲是否不會出差錯。以上可以看到商王為了趨吉避凶，是如何小心翼翼地祀奉先祖，避免觸怒了他們，造成不好的結果。

## 祖先名號有奧祕

上面說的「武乙」、「上甲」與文章一開始就頻繁出現的商代先王名號，什麼甲、什麼乙的，是否也讓讀者感覺莫名呢？在周人發明神文聖武的「謚號」之前，商人是用「甲、乙、丙、丁、戊、己、庚、辛、壬、癸」來代稱先公先王。其涵義為何，仍眾說紛紜，傳統說法是忌日，也有認為是生日，大抵與今日為過世長輩做忌、冥誕等相近。

神主牌位上的稱呼是很重要的，在甲骨文裡有一片記載：

**「甲戌翌上甲、乙亥翌報乙、丙子翌報丙、丁丑翌報丁、壬午翌示壬、癸未翌示癸、乙酉翌大乙、丁亥翌大丁、甲午翌大甲、丙申翌外丙、庚子翌大庚……」**

這份就是商王拜拜的行事曆，在甲戌日拜上甲，乙亥拜報乙……我們可以看到日子的天干與祖先的稱呼密切相關。商王需要像廟公一樣密集地主持祭祀活動，光用看的都覺得累，這也顯示出商人祭拜祖先的認真態度，可見商王真不好當啊！

## 各式各樣的祭品

像這樣初一拜、初三拜、初五還要拜的密集祭祀活動，必然要消耗大量的人力物力，使用的祭品除了牲畜外，還會殘忍地殺掉人類俘虜作為犧牲——儘管這些俘虜其實是王國免費的勞動力。甲骨文中有關祭品的紀錄有：

**「甲戌卜，貞：畢獻百牛，皆用自上示？」**

這是將貴族「畢」獻上的一百頭牛提供於祭祀中，可以想像一個王國的富裕，豪邁地殺掉一百頭牛，只為了不要讓祖先不開心。

**「辛亥卜，犬延以羌一用于大甲。」**

這條記錄了商王派出去的馴狗班長「延」帶著「羌」回來，要不要拿「羌」去拜大甲。這裡的「羌」可不是什麼山羌，而是商王朝的異族——「羌人」。負責飼養商王專用獵犬的「延」，除了獵動物，還獵來了羌族人，這些羌人將「用」於大甲的祭祀。至於如何「用」俘虜，就請讀者參見本書第三、四篇內容吧！

這種以人獻祭的做法，在古書上也有，如《左傳》就記載，邾國把捉到的鄫（音同層）國國君殺掉來祭祀。由於此事是宋國指使的，因此宋國大臣指責這件殘忍無道之事：「事不用大牲，而況敢用人乎？」經過三百年後，還有殺人為祭品的遺風存在，但已不見容於當時的禮俗了。

## 祭祀的權力遊戲

商王把自己的行事曆排得這麼滿、這麼累，耗費民脂民膏，屠殺異族俘虜，消耗大量免費的勞動力，到底圖的是什麼？想來不外乎「權力」二字。

在甲骨文中，可以經常看到商王召喚某位大貴族舉辦祭祀某位先祖的紀錄。除了商王擁有對王室祖先的主祭權，商朝貴族族長也有單獨舉行祭祀的權力。祭祀，終究能使人追思先人。對商王來說，即便是古老的舊臣——伊尹，商王仍然掛念著。有片甲骨文揭露了這個訊息：

## 「貞：呼黃多子出牛侑于黃尹。」

黃尹是伊尹的別稱，黃多子就是伊尹後代各族的族長，侑是祭名。

有句俗話這麼說：「一人一家代，公媽隨人拜。」《左傳》也說：「神不歆非類，民不祀非族。」商王怎麼就插手別人家族的祭祀事務了呢？這其實是為了拉攏開國忠臣的後代，好吸納進商王室共同體當中而做出的政治動作。

主辦祭祀，是權力展現、恩惠施予和表現關懷，也能積極地凝聚祭祀對象後代的向心力。傳統大家族每逢年節慶典，往往宗親齊聚以祭祀祖先。許久不見的親戚，不論是長輩的伯伯、叔叔或是平輩的堂兄弟姐妹，不正是透過這樣的場合來凝聚感情嗎？若失去了這樣的祭典活動，恐怕便不好有理由凝聚親族向心力了。

三千年前的商王與我們一般人既相近，又相差很遠。因為商王不是一般百姓，是一國的統治者。在商、周時期，一個人家族往往就能建構出一個小國家。商王與他的親戚、親家合力統治當時這個中原最大的王國。因此，他必須依賴宗親團結一心，才能做好抵禦外敵、徵收貢賦等諸多事務。

打獵、徵兵、作戰、收取貢賦、后妃生育、求雨、祭祖等等大小雜事，靠商王一個人是做不來的，因此他必須使喚親密的宗親「王族」、遠房親戚的「多子族」與異姓貴族「多尹」來統治國家。而在布衣卿相年代到來以前，商王王權憑著層層拉出的血親、姻親展現權力，也運用祭祀這種手段，確保親族的忠誠。

最後，隨著周朝取代商朝，統治方式也隨之改變，商朝血親式的統治便如明日黃花，一去而不返了。惟獨那塊歷代祖先的神主牌與祭祀祖先的傳統，還留存至今。

**註釋**

* 從甲骨字體來看，這兩條應同為武丁時代的紀錄，因此父庚可能是武丁的「叔父」盤庚，祖庚可能是武丁的「叔祖」南庚，但南庚通常遥稱南庚，很少稱祖庚，因此也未可定論其同人與否。

**參考資料**

陳夢家，《殷墟卜辭綜述》，北京：中華書局，一九九八年。

劉源，《商周祭祖禮研究》，北京：商務印書館，二〇〇四年。

常玉芝，《周祭卜辭研究》（增訂本），北京：線裝書局，二〇〇九年。

宋鎮豪，《商代社會生活與禮俗》，北京：中國社會科學出版社，二〇一〇年。

03

# 人性逃走中

## 關於逃亡者的殷墟卜辭

黑夜裡，一個逃亡的奴隸正跌跌撞撞地在樹林裡穿梭，儘管他已盡了全力，卻仍甩不開追兵，前方一亮，一望無際的河水橫亙在眼前，這該如何是好？

正當他焦急地四處張望，遠方突然出現一點暈黃亮光，定睛一看——竟是個渡口！不僅如此，渡口邊還有一位中年舟人舉著火，並看顧一葉小舟。這是唯一的希望！顧不上思考這大半夜的怎會有舟人在渡口，他只能抓住希望低身朝渡口移動，後面商王國士兵的腳步聲越來越近，越來越近……

等在他眼前的是自由的天堂還是奴役的地獄？全在這舟人的一念之間了。

日本有一個知名的綜藝節目《全員逃走中》，這節目的型態以生存遊戲為主，參與節目的來賓為「逃亡者」，必須在一定時間內不被追捕的「獵人」抓獲。成功躲避追捕者可獲得獎金，被抓到的人則毫無獎賞。這款生存遊戲曾經風靡日本、臺灣，許多大學院校也興起模仿風潮，在二十一世紀人們享受著被追捕的刺激與快感時，三千多年前則是有一群人以生命為代價，努力地躲避著追捕。

故事的結局在甲骨卜辭裡可以看到，商王武丁曾派遣貞人「亘」（貞人是指負責卜問的商朝官員。亘，音同宣）卜問追捕結果，而亘在甲骨版上如此寫道：

**癸酉卜，亘貞：臣得。**

**癸酉卜，亘貞：臣不其得。**

**王占曰：其得，隹甲乙。**

**甲戌臣涉，舟延隱弗告，旬㞢五日丁亥執，十二月。**

這是十二月癸酉日的占卜，「亘」貞問那逃走的臣奴是否能夠捕獲？甲骨很快顯現出徵兆。商王武丁視察了卜兆（燃燒甲骨後的痕跡），並依據徵兆下了判斷：大約是天干日出現「甲」或「乙」的日子會被捕獲！果然，第二天（甲戌日）逃亡臣奴就企圖涉水而過。據聞那生活在河畔，負責管理舟船的舟人「延」目擊了臣奴涉水逃亡的過程，但不知為何，竟然隱匿不報，導致殷商士兵直到第十五日（丁亥日）才抓到了臣奴。

雖然臣奴很快地被殷商軍隊抓到了，然而消息似乎未能即時回傳到商王耳中。於是，心急如焚的武丁再次透過甲骨詢問臣奴逃亡的情形，這次負責占卜的貞人為「賓」：

**癸巳卜，賓貞：臣執。**

**貞：臣不其執。**

**王占曰：吉。其執隹乙、丁。七日丁亥既執。**

這是第二十一天（癸巳日）商王武丁第二度針對此事的貞問，然而事實上逃跑的臣奴分明在逃亡後的第十五天（丁亥日）就被抓了，不過商王並不知情。而這次武丁看完卜兆後，認為乙日或丁日可以捕獲。

由後續占卜的紀錄可知，那臣奴終究沒有逃亡成功，儘管遇到了善心舟人的幫助，但他涉水後不久，還是被殷商士兵發現，旋即包圍逮捕，最後又回到噩夢之地——大邑商。

商代卜辭裡有著不少關於俘虜或臣奴逃亡的紀錄，像是經常和商王朝發生戰爭的羌方，就有許多被抓獲或是奴役的羌人，也如文中主角般試圖從囹圉（指監獄，音同零羽）或是沉重的勞役中逃跑，於是出現在甲骨的占卜紀錄裡：

### 貞：逸自圉羌其得？

這條卜辭是商王在卜問是否可以抓到從監獄逃亡的羌人，「逸自圉羌」可以解釋為從囹圉逃跑的羌人，「其得」就是問：可以抓到吧？這些紀錄所反映的，正是在我們熟知的殷商歷史之外，無法見諸史料的小人物生活樣貌。

儘管這些殷商臣奴逃亡的紀錄都十分簡短，但毫無疑問的，很多臣奴並沒有逃亡成功。不過我們更想知道的是，是什麼原因讓臣奴不惜冒著生命危險也要逃跑？被捕獲後的臣奴究竟會被帶到哪裡呢？

事實上，殷商臣奴若是不幸逃亡失敗，往往就會迎來他們人生的悲劇結局——成為人牲或人殉。人牲，就是商王祭祀祖先的供品，其身分主要是俘虜；人殉，則是殷商君主或貴族過世時一同陪葬的物品，其身分主要是奴隸，兩者相近卻不相同。不過無論如何，在殷商王朝眼中，俘虜和奴隸都只是徒具人類形體的動物或物品，他們不屬於「人」，更遑論權利與保障。

在卜辭中，我們可以看到為數不少的臣奴像是牛羊一類的牲畜，被商王朝拿來作為獻祭的祭品：

**貞：今庚辰夕用獻小臣三十、小妾三十于婦。九月。**

**癸酉卜，貞：多妣獻小臣三十、小妾三十。**

中國古代的俘虜或奴隸，男性稱為「臣」，女性稱為「妾」，這版卜辭記載著商王為了祭祀過世的母親以及女性長輩，一共宰殺了六十位人牲。

有些卜辭會一同把「處理」人牲的方式也寫出來，就是所謂的「用牲法」：

**丁酉卜，貞：王賓文武丁伐十人，卯六牢，鬯六卣，亡尤。**

這裡的「伐十人」不是指討伐十人，「伐」就是砍掉頭顱，是卜辭最常見的用牲法之一。凡是被砍掉頭顱的人牲，或是準備被砍頭做成祭品的俘虜都叫「伐」。所以這段卜辭的內容是：商王用了十個被砍掉頭顱的人牲給先王「文武丁」獻祭。

此種情景若以現今的眼光來看，用「草菅人命，慘無人道」來形容亦不為過。根據推算，殷墟墓中的人牲數量估計約有一萬，卜辭所見的六十位臣妾性命，或者是十顆頭顱，都僅僅不過是商王殘殺人牲的冰山一角。

從總量來看，商代人殉的數量比起人牲要少很多，但這並不代表商王對人殉就比較仁慈，僅僅是因為祭祀時常舉行，人牲的數量積少成多，自然會出現一個驚人的總數，而人

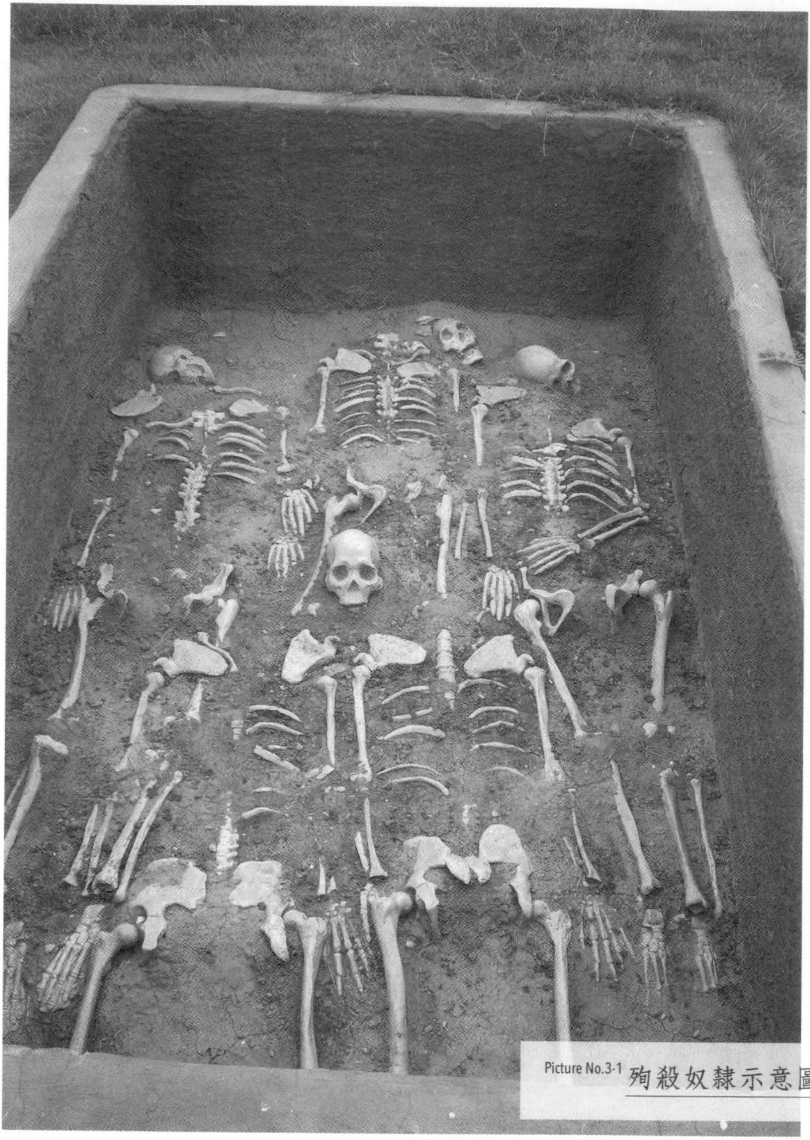

Picture No.3-1 殉殺奴隸示意圖

殉通常只有商代貴族死亡時才用得上，因此就有一種比較少的錯覺。

其實在目前所發現的殷墟墓葬中，可以看到大量的以人殉葬。若以商王「武丁」墓的侯家莊M一〇〇一大墓來看，光是在商王武丁的喪禮中奉獻出自身性命的臣奴就有二百二十五位。至於武丁的愛妻——婦好，其墓穴中也發現了至少十六具人殉的骨骸，而且經鑑定發現有男性四位、女性一位、兒童二位，其餘則是性別、年齡不詳的肢骨。這些人殉都是被以極其殘忍的方式斬殺，斬首自然是最常見的方式，但也有人因劊子手的技術不佳，而殘留下顎、頭顱破裂等等，其中亦不乏奴隸是遭到腰斬或者肢解，他們多半身首異處，依照部位不同，被擺放在商王或王后墓室或墓道四周。除此之外，也有奴隸是被捆綁之後直接推入墓穴遭到活埋的，而這些被活埋者進入墓室後並未喪失意識，他們臨死前的痛苦掙扎，至今還能從骨架的姿勢清楚看出。

也許，逃亡的臣奴正是因為明白自己即將面臨的悲劇，才決定奮力一搏。儘管不知道自己能逃多遠，也不知道離開大邑商之後會遭遇什麼樣的危險，但努力逃出商王朝卻是他唯一的希望。不幸的是，從占卜的驗辭看來，臣奴終究沒能逃過命運的魔爪。

商代使用人牲、人殉的風俗在武丁時期達到鼎盛，此後逐漸減少，原因是貴族需要更多的人力來從事生產。不過這種以人為殉的惡習，直到春秋時代仍十分流行，尤其是在齊、魯地區特別鼎盛，這當然讓孔老夫子氣到凍未條，因此說出一段很著名的話：「始作俑者，其無後乎。」向來溫和的孔老夫子用「斷子絕孫」如此嚴厲的話語詛咒著製俑之人，只是因為對製造人俑的工匠太過敏感嗎？事實並非如此，孔老夫子真正批評的是，貴族們就算用像人的陶俑來取代真實的人牲和人殉，但那份殘忍又不尊重生命的內心之惡，卻是從來沒有改變過的。

**參考資料**

蔡哲茂，〈甲骨文中的阿波卡獵逃〉，發表於「中國出土文獻與上古史國際學術研討會」，中國先秦史學會主辦、天津師範大學出土文獻與上古史研究中心承辦，二〇一三年九月二十六～二十七日。

李宗焜，〈從商周人牲人殉論「始作俑者」的義涵〉，《臺大中文學報》第四十五期，二〇一四年六月。

裘錫圭，〈甲骨卜辭中關於俘虜和奴隸逃亡的史料〉，《裘錫圭學術文集・古代歷史、思想、民俗卷》，上海：復旦大學出版社，二〇一二年。

# 04

# 行車不搶快・安全跟著來

## 卜辭裡的車禍紀錄

甲午日早晨，天氣清朗，商王武丁帶了一支親隨車隊在王城郊外打獵，為了追逐一隻正在瘋狂亂竄的聖水牛，武丁命人駕著馬車高速奔馳，隨從小臣贊也旋即駕車緊跟在後。接著不知怎麼地，小臣贊的馬車車軸斷裂，失速撞上前方的商王座車，兩輛車交疊傾軋，而王車上的貴族子央，承受不住撞擊的力道，從車上飛了出去。石火電光之間，子央腦海裡浮現了許多念頭：這是他第一次與父王同車出外打獵吧？母親聽到這個消息還開心了好些日子，早晨特地捧著尊彝要他盥洗完再出門，原本還想著就要打一隻大兕回來，好好向母親與妻子們炫耀一番，但現在卻是怎麼了呢？他會死嗎？要是就這麼沒了，母親該有多傷心？對了，父王呢？他還好嗎？是否也受了傷呢……

**甲午，王往逐兕。小臣贊車馬硪，迫王車，子央亦顛。**

這是目前所見時代最早的一則車禍紀錄，甲骨上除了契刻這樁事件以外，前後還有一些不相干的占卜。但是令人好奇的是，車禍的結果只記錄了子央從車上摔下來，那麼商王

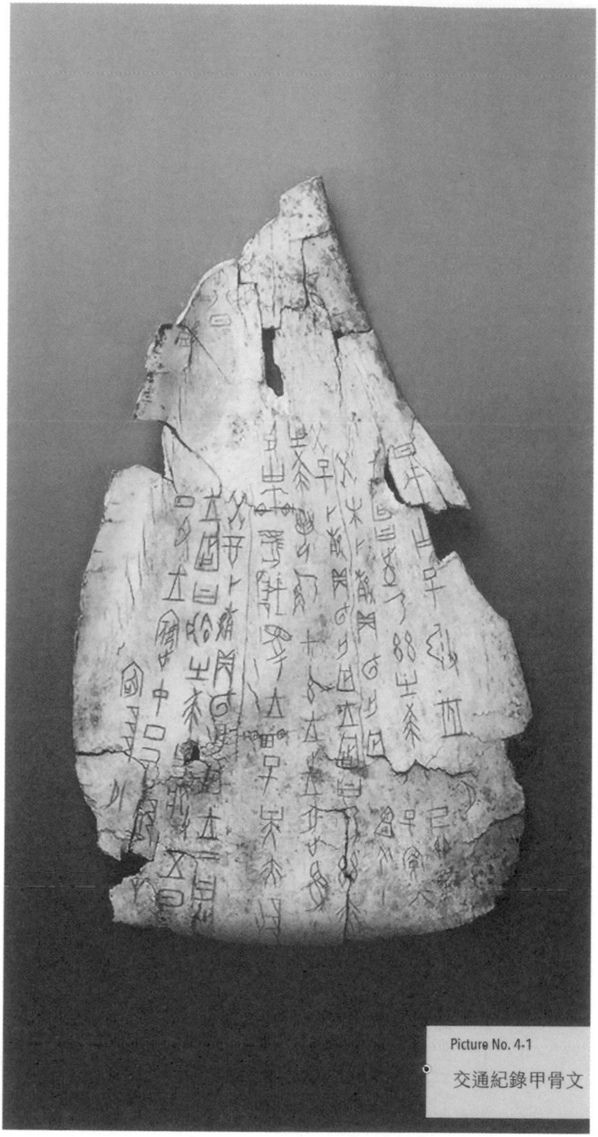

Picture No. 4-1
交通紀錄甲骨文

武丁呢？他沒事嗎？那位闖了禍的小臣「贊」，也受傷了嗎？如果追究起責任，他又可能面臨什麼樣的下場呢？

那麼，讓我們先來關心一下商王武丁的情形。這段刻辭裡面沒有記載遭遇車禍的商王到底怎麼了，是身亡呢？受傷了？還是根本沒事？表面上，我們沒有明確的證據可以進行判斷，但還是可以從一些用語的蛛絲馬跡看到事情真相。這段刻辭有一處很不自然的句子，就是最後的「子央亦顛」四個字，白話文講就是「子央也摔下來了」，這不是很奇怪嗎？明明刻辭紀錄裡，只有子央從車上摔下來，怎麼會講「也摔下來」呢？這絕對不是刻手中文能力太差而寫錯了，其實是暗示除了子央，還有別人從車上摔下來，這個別人是誰？自然就是不能說的「那個人」——高高在上的商王武丁。

商王從車上摔下來了，這麼嚴重的事情怎麼刻手反而沒有記錄在上頭呢？是武丁覺得實在太糗了，所以不能寫嗎？當然不是，這是古代書寫一種常有的習慣，叫做「為尊者諱」。《春秋公羊傳》就有提到「為尊者諱恥，為賢者諱過，為親者諱疾」，意思就是說，一個富含同理心的歷史書寫者應該為上位者、賢能者以及雙親隱晦不好的事情。

這也是孔子作《春秋》謹守的原則，他的學生子貢就曾經針對《春秋》裡的一句話感到困惑，這句話說「天王狩於河陽」，但子貢覺得很奇怪，明明當時的天下霸主晉文公重耳召見了周襄王，兩人在河陽之地會面，怎麼會說天王到河陽巡狩呢？孔子就說，晉文公以臣子身分召見君王，這是不對的，作為史家不能說出來，只能寫晉文公率領諸侯侍奉天子而已。由於當時晉文公意氣風發，剛剛打敗楚國，又平定王室內亂，因此周襄王即使再不願意也只能乖乖被召喚，而重視君臣之分的孔老夫子自然無法接受晉文公這種逾越的舉止，所以特地隱晦了這件讓周襄王非常沒有面子的會面之事。過去我們總認為孔老夫子這種「為尊者諱」的寫作手法，是包含著他個人對時局的看法與價值判斷，不過若從「子央亦顛」的紀錄來看，就可以發現這大概是源自商代就有的一種記錄習慣，而孔老夫子只是將它延續下來。

既然我們已經知道在這場車禍中商王武丁顯然也摔了車，那麼這位粗心大意的小臣贇恐怕是活罪難免，死罪也難逃了。根據傳世文獻記載，古代有五種令人驚恐的刑罰，分別是在臉上刺青的黥刑、割去鼻子的劓刑、砍掉一條腿的刖刑、割去生殖器的宮刑以及砍頭的死刑，小臣贇至少得面臨其中一種懲罰。目前除了黥刑，其餘四種刑罰的甲骨文已被學者考證出來，那麼我們就來看看他將會面臨什麼樣的命運吧？

**第一種**是割去鼻子的劓刑。劓，音同易，這個字在甲骨文中寫作「自十刀」，「自」是鼻子的象形字，在商朝就是指鼻子的意思。刀與鼻子擺在一起，象徵用刀割下鼻子，也就是「劓」最原初的寫法，

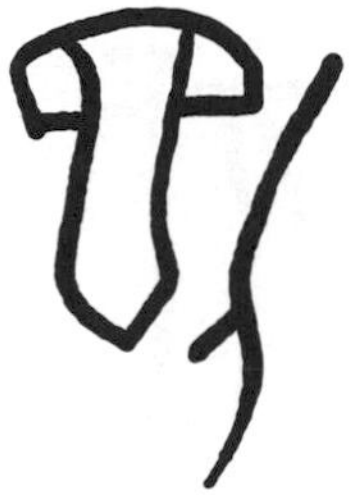

更證明商代已經存在這種刑罰。

**第二種**是砍掉一條腿的刖刑。刖，音同月，這個字在甲骨文的表現方式是先寫一個缺了條腿的人，接著在下方畫一把有柄的鋸子，而接近鋸子那方的腿都會比較短，毫無疑問是表現用鋸子把腿砍斷或鋸斷的意思。《漢書．刑法志》就提到「中刑用刀鋸」，古書注解說「鋸」字就是「刖刑」，可見漢朝所施行的刖刑也是用刀鋸斷一條腿，而這個古老的刑罰也是承繼商代而來。

**第三種**則是割去生殖器的宮刑。由於偉大的史學家司馬遷遭受過這個刑罰，所以想必大家並不陌生。宮刑在甲骨文的表現也非常直接，就是畫了一個男性生殖器，旁邊再加上一把刀刃，很容易就讓人明白這是什麼殘酷的刑罰。但是什麼樣的人才會遭遇這種刑罰呢？在甲骨卜辭中，有一條卜問就是商王詢問被處以宮刑的羌人會不會死掉。為什麼要對羌人處以宮刑呢？學者推斷可能是要讓他們看守王宮，看來這些羌人就算沒被抓去當人牲，也難逃悲慘命運。

**最後一種**當然就是死刑了，商代的死刑用一個很常見的字表達，就是「伐」。「伐」這個字在甲骨文就是表示用戈把人頭砍下來，而砍頭也是商代最常見的死刑執行方式。甲骨文中有很多關於「伐」的卜辭，表示商王也經常砍殺俘虜或奴隸來祭祀鬼神，就是我們說過的「人牲」，而許多商代墓葬中也都能看到身首異處的骨架，那些都是被伐者的遺骸。當然，犯了罪的人，「伐」自然也是相當常用的刑罰之一。

這樣看來，小臣贅好像不管被處以什麼刑罰都是頗為慘烈的下場，我們也只能在心裡默默祝福他。這位三千年前的小臣贅，用自己的血跟淚告訴後人「這秒當阿飆，下秒當阿飄」啊！看來唯有小心駕駛，遵守交通規則，快快樂樂的出門，平平安安的回家才是王道。

**參考資料**

裘錫圭，〈甲骨文中所見的商代五刑——並釋刖、剢二字〉，《裘錫圭學術文集：甲骨文卷》，上海：復旦大學出版社，二〇一二年。

# 05

# 沙場甜姐兒

## 婦好的一生與傳奇

武丁第一次看見婦好，是在他們的婚禮上。他站在宮殿中央，看著未來的妻子自外緩緩走來。那天的陽光非常燦爛，沐浴在金黃色光芒中的婦好，曼妙身材穿著花紋繁複的衣裝，如雲的黑髮插著滿頭雕刻細緻的髮笄，絕美佳人，武丁感覺自己的世界似乎停止在那一刻。

商代有一位與眾不同的「沙場甜姐兒」，她是令學者們嘖嘖稱奇的一位王后，不僅多次帶兵打仗，她為戰爭募集的兵力更是目前所見最多的一次。她的丈夫——商王武丁，多次為她的生育與病痛焦慮不已，夫妻情深，可見一斑。這位商代的傳奇女人，雖不見於典籍，但甲骨記載了她的名諱——婦好。

「婦好」一稱由「婦」與「好」組成，「婦」是對與商王有密切關係的女性的稱呼，其中一部分是商王的嬪妃；而「好」則是這位女性的名或是標示出身地的區別字。也就是說，被稱為「婦」的人，是有身分地位的上流階層，也因此，婦好才能在甲骨上留下自己的名字。

在這些「婦」中，「婦好」為什麼特別重要，又為人津津樂道呢？這是因為她不僅是當時的商王——武丁三位地位最高的配偶之一，還積極參與軍事活動。另一原因則是婦好的墓葬在七〇年代被發現，這個墓葬是至今唯一未被盜掘的商代高等級貴族墓葬，出土的隨葬品可說極為光輝燦爛，墓主又可經由甲骨文得到確認，硬是讓人無法忽略婦好在商代晚期所扮演的重要角色。

## 征戰沙場

**一陣強風捲起漫天風沙，對峙的兩軍沉默看著敵人。來自東方的軍隊，等著主帥的號令。軍隊最前方的主帥，身著精良鎧甲，手持象徵絕對指揮權的鉞，森冷的眼神直視前方。這不是婦好第一次上戰場，她有絕對的信心獲得此戰的勝利。**

婦好，這身居后位、享有優渥生活的女人，曾數次指揮軍隊與外族作戰，有一次還與商王武丁以及當時的名將沚戛（音同紙夾）一起征討巴方（國家名）。當時曾為此次戰役占卜，卜問戰爭時的作戰策略：

**辛未卜，爭貞：婦好其比沚戛伐巴方，**
**王自東深伐，戎陷于婦好位？**

Picture No. 5-1

婦好鉞，出土於婦好墓。鉞是一種必須安裝木柄使用的武器，在古代，鉞同時也是身分象徵，兼具政治與軍事意義。圖中所示鉞的主人——婦好的名字就鑄在獸面紋的正下方。

在辛未日這天占卜，名為「爭」的貞人問：婦好支援沚戛征伐巴方，王從東邊深入進擊，敵人會陷入婦好的埋伏嗎？由此可以想見，當時婦好不僅率領一支軍隊，而且親上前線。武丁的三位妻子中，除了婦好，婦姘可能也帶兵打仗，但遠遠比不上婦好的活躍。而婦好率領的軍隊規模，可能不是一支小隊，甲骨文記錄婦好曾召集一萬三千人準備上戰場，這是目前所知規模最大的一次。

這些片段的訊息，勾勒出婦好在當時的政治上舉足輕重的地位，商朝中興之主武丁仰賴這位驍勇善戰的妻子為他開疆拓土、保家衛國。婦好多次出現在戰爭相關的卜辭，也暗示這位英姿煥發的女將戰功彪炳。

## 主持祭祀

**那個站在祭壇前的背影，如此令人嚮往。她穿著的禮服象徵著地位的崇高，精緻的髮飾更是精美絕倫；更重要的是，她擁有其他人所沒有的權力——代表眾人祭祀先祖，與創立、統治商朝的偉大先祖們溝通的權力……**

商代主持祭祀代表著地位的崇高以及掌握對神靈的話語權，因此往往由商王主持對神靈或祖先的重要祭祀；而婦好顯然有權力主持此等重要的祭祀。甲骨文記錄了數次婦好主持對歷代先王與其配偶的祭祀，如：

**乙卯卜，賓貞：呼婦好ㄓ反于妣癸。**

在乙卯這天進行占卜，由貞人「賓」貞問：「是否要由婦好對祖母輩名癸的女性舉行祭祀呢？」主持祭祀並非人人可為之，尤其是對先王與其配偶的祭祀，常常是商王親自進行。婦好可以主持祭祀，也顯現了她身為武丁主要配偶的地位。

## 孕育子嗣

**甲日這一天，平時肅穆的商王宮殿區，人們忙成一團。武丁在先王的宗廟裡來回踱步，眉頭深鎖。外面的紛擾與喧譁，一點也打動不了他。此刻的他與外頭忙亂的人心心念念所想的，是同一件事：婦好將要分娩了。他喃喃念著：「怎麼會是今天呢……明明再過幾天就……」**

不難想見，生育是古代婦女的生命大事。現在收藏在中央研究院歷史語言研究所文物陳列館的一片甲骨，就刻有一段鮮為人知，關於婦好生育的占卜。主持占卜的人是商王武丁，為自己即將臨盆的妻子婦好卜問分娩是否吉利？占卜的結果是，在丁日分娩是最好的，在庚日生產也還不錯。但最後婦好在甲寅日生產，負責記錄的人刻下了「不嘉，惟女」。一般認為這段卜辭表現了商代重男輕女的傾向，因為這四個字說明了生產結果是不好的，不好的原因是婦好生了個女孩。除了這段記載，武丁還數次卜問過婦好是否懷孕、是否有孩子等，今日無法得知婦好一生總共有幾個孩子，但根據這些紀錄至少可以得知，婦好應當不只有一個孩子，而且她的丈夫還相當關心她的生育狀況。

## 佳人有疾

**萬籟俱寂的深夜，除了微弱蟲鳴，再沒有其他聲響。所有人都入睡了，只有牙疼的婦好，輾轉反側。這牙疼來得突然，間歇的牙疼，疼得婦好一身冷汗，時睡時醒。在半夢半醒之間，突然，她感覺到旁邊似乎有什麼東西正在觀察自己。她勉力睜開沉重的雙眼，似乎見到身邊有人正彎腰看著自己。那人的面孔瞧不清，但那身形與服飾，卻甚是熟悉……**

武丁深情丈夫的形象，來自於甲骨文中對婦好疾病的頻頻卜問，但商王可不會為了無關緊要的人動用國家資源進行占卜，唯有被眷顧的幸運兒有此殊榮。從武丁叨叨念念的占卜紀錄，我們知道婦好曾經蛀牙、流鼻水，腳趾也出過問題，以及患有甲骨文沒有記載病狀的疾病；商王在卜問時，總是認為造成婦好疾病的元兇是父乙，也就是武丁的父親、婦好的公公——小乙。商代人相信，自己所遭受的災難或疾病，常常是神靈所致，其中一部分來自先人（參見本書第二篇〈別讓祖先不開心〉）。

## 走向幽冥

**從接受了后位榮耀的那一天起，她就成為貴族婦女仰望的人。她有最好的用度，貴族女性總是競相模仿她的衣著打扮。她出現在各種場合，總是恰如其分地穿著珍貴而適宜的衣裝，其上每一道紋樣都無比細膩，由當時最有創意的匠人構思而來；髮絲總是精心梳整成雍容而齊整的髮型，髮上插的笄由不同材料製作，上品當然是以溫潤美玉精雕，其次的骨製品也是由直屬王家的骨器作坊中技術最精湛的工匠細細打磨而成……**

人生自古誰無死，備受武丁重視與寵愛的婦好，早於武丁踏上黃泉路，死亡的時間可能早至武丁在位的中期。婦好的臥病與死亡，顯然帶給武丁極大的打擊，因此他反覆卜問：「是上帝要帶走婦好嗎？」「是我的祖先大甲要帶走婦好嗎？」「是我的祖先成湯要帶走婦好嗎？」這反覆的卜問，彷彿重現了千年前的那個瞬間：哀慟的丈夫反覆問著神靈，臥病的妻子是否即將被帶往未知的世界。

婦好是怎麼過世的？這不是個容易解答的問題，但我們可以知道生前尊榮的婦好死後如何安葬。一九七八年中國河南省安陽出土的婦好墓，讓今人多少可以猜想，甲骨文中那個哀慟逾恆的丈夫，是如何送他的妻子走這最後的一程。這座墓葬長五・六公尺、寬四公尺、深七・五公尺，在商代墓葬中僅算是中型墓葬，就尺寸來說，與她在甲骨文中的赫赫表現，不太相配。婦好的棺槨（槨，音同果，墓室，參見本書第十三篇〈穿梭陰陽宅〉）塗有紅色與黑色漆，下葬時，棺外可能包裹著織物。墓葬裡殉了十六個人與六隻狗。但這還不是婦好墓令學者震驚的原因。考古學者們除去墓坑裡面填的土之後，婦好墓的隨葬品露出了頭，數量龐大且異常華美，讓所有人都非常激動——銅器總計四百六十八件、玉器七百五十五件，石器、骨器約七百件，貝殼則有六千多個。據出土後對銅器測重，婦好墓隨葬的銅器總重量超過一千六百公斤！

精美且大量的隨葬物品，說明婦好在當時的貴族婦女中是多麼重要的一號人物，在今日來說，應當是比名媛更受社會矚目的名女人。而婦好作為商王武丁的主要配偶，就如同今日第一家庭的女主人，不僅一言一行有其影響力，第一夫人的穿著打扮更是時尚焦點，千年前的婦好當然也不例外。商周墓葬中的衣物多半朽爛，難以重現當時的服飾風尚，但婦好對打扮的重視，可以從當時貴族婦女絕不可少的髮飾——笄（音同機），略窺一二。婦好墓中出土的笄，玉製的有二十八件，骨製的則足足有四百九十九件，這還不包括已經毀損無法復原的！即使是愛打扮的女孩，一生或許還不至於買超過五百條束髮帶呢！當然，今日已無法復原婦好當時如何使用這些髮笄，但在商代另一座墓葬中，完整留存了墓主的

Picture No. 5-2

商代殷墟婦好墓出土的夔首骨笄。商代婦女使用髮笄的一種方式是在頭髮上插上大量髮笄。

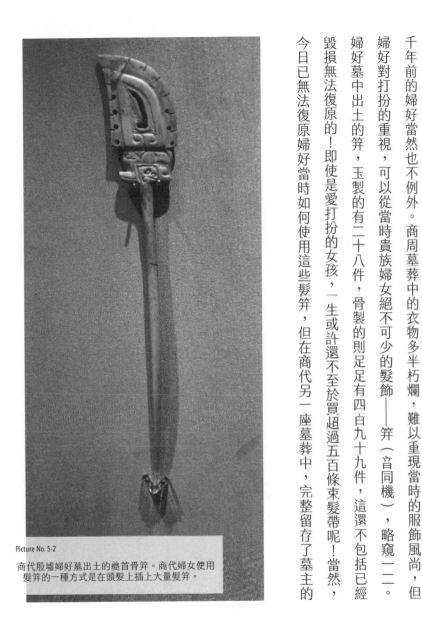

髮笄與髮型，當時保存的照片顯示，商代婦女流行的髮型之一，是在頭上插上滿滿的髮笄。由此，我們可以猜想當時婦好怎麼妝點自己：每天早上起床後，對鏡盤起頭髮，再精心挑選當天要用的髮笄們，接著，花上不曉得多久的時間，一一插上。

婦好是個什麼樣的女人呢？是姿態嬌柔，還是修長健美？她是因為卓越的能力受到武丁賞識，還是才貌兼備，所以得到丈夫的寵愛？她是當時人心中標準的「好女人」嗎？還是因為「強出頭」而遭人嫉恨？這一連串的疑問，可能永遠無法解答，但她還是幸運的，畢竟有更多婦女從未在史書上留下一星半點。婦好因為甲骨文及墓葬的出土，不僅在逝世千年後再次重現世人眼前，並從此占據商代史與商史研究極為重要的一頁，她傳奇的人生，堪稱是商代絕無僅有的傳奇皇后，她的故事將長存在無數研究者的案頭，不斷被追想與檢閱。

## 參考資料

中國社會科學院考古研究所編著，《殷墟婦好墓》，北京：文物出版社，一九八〇年。

中國社會科學院考古研究所編著，《中國考古學・夏商卷》，北京：中國社會科學出版社，二〇〇三年。

蔡玫芬、朱乃誠、陳光祖，《商王武丁與后婦好：殷商盛世文化藝術特展》，臺北：國立故宮博物院，二〇一二年。

李學勤，〈論「婦好」墓的年代及有關問題〉，原載《文物》一九七七年第十一期（北京），後收入氏著，《當代學者自選文庫・李學勤卷》，合肥：安徽教育出版社，一九九八年。

張政烺，〈帚好略說〉，原載《考古》一九八三年第六期（北京），後收入氏著，《張政烺文集・甲骨金文與商周史研究》，北京：中華書局，二〇一二年。

張政烺，〈《帚好略說》補記〉，原載《考古》一九八三年第八期（北京），後收入氏著，《張政烺文集・甲骨金文與商周史研究》，北京：中華書局，二〇一二年。

趙誠，〈諸帚探索〉，收入中國古文字研究會、中華書局編輯部編，《古文字研究》第十二輯，北京：中華書局，一九八五年。

李宗焜，〈婦好在武丁王朝的角色〉，收入李宗焜主編，《古文字與古代史》第三輯，臺北：中央研究院歷史語言研究所，二〇一二年。

蔡哲茂，〈論武丁的三配與三子〉，收入陳光祖主編，《金玉交輝：商周考古、藝術與文化論文集》，臺北：中央研究院歷史語言研究所，二〇一三年。

06

# 巨龍襲來

## 穿梭於古代中國的「虹」龍傳說

在兩千年前的一個下午，驟雨過後，空氣清新，樹葉、屋簷還掛著晶瑩的雨水，此時天際出現一條七色大龍，垂掛在地平線兩端。一個小女孩從屋裡走出，在庭院中指著天空這條七色大龍，興奮大喊：

「媽！七色大龍出現啦！」

婦人聞言，急忙從屋中奔出，狠狠地將女兒的手按下。

「跟妳說過多少次，不可以用手指彩虹，快給我進屋裡來！」

可憐的小女孩就這樣慘遭媽媽訓斥，原來這世上不能用手指的東西這麼多……

## 雙頭龍：彩虹的原始形象

現在我們看到彩虹高掛天際，驚喜之餘，手指著彩虹讓大家用手機拍下轉發，但若在小邦周的年代，以上行為肯定要被罵。特別是女孩子，在上古時期以手指了彩虹，可能還會被問：「你在這裡指彩虹，家裡人知道嗎？」

這不是我們隨便亂說的，因為在《詩經・鄘風・螮蝀》中有一首詩是這樣寫的：

**「螮蝀在東，莫之敢指，女子有行，遠父母兄弟。」**

這是說什麼東西在東呢？螮蝀（音同地東或地洞），是彩虹的古名之一。

從這首詩可以看到「彩虹」在周朝時是「莫之敢指」（不敢以手指之），特別是女子，指了未來就會跟人私奔，遠離父母兄弟。在東漢的辭典《釋名》有記載類似的說法：

**「虹，攻也，純陽攻陰氣也。又曰螮蝀，其見每於日在西而見於東，啜飲東方之水氣也。」**

《釋名》的「虹」有兩種形象，既是陰氣、陽氣的運作，又像一種吸水的大怪獸，看來不太協調。在古人心中，為什麼彩虹會被描述成這樣呢？我們可以從甲骨文中找到一點線索。虹在甲骨文中寫成這樣的形體：。

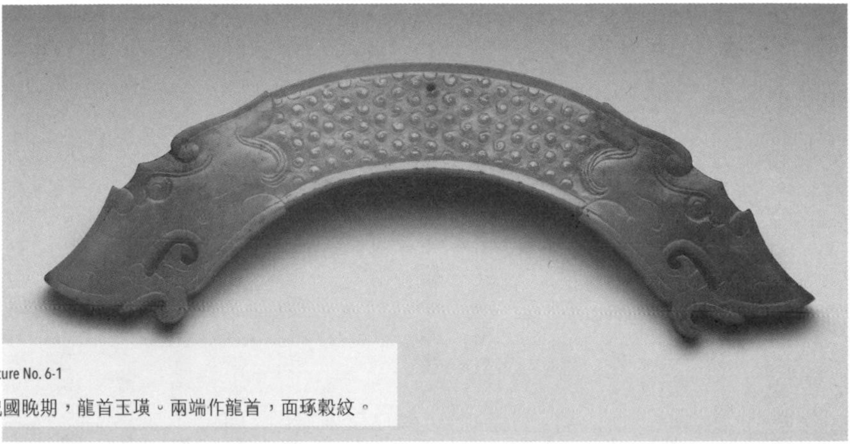

Picture No. 6-1
戰國晚期，龍首玉璜。兩端作龍首，面琢穀紋。

它長得像什麼生物呢？我們可以從另一個甲骨文「龍」字中找到相似嘴型與身體：。

在《甲骨文合集》有一個殘缺一半的「虹」字：「」。形象較為生動細膩，不僅畫出了目、鼻，也有角形。如果依著水平對稱復原的話，這個虹字應該長得像這樣：「」。在一些先秦的玉璜（音同皇）中，也可以見到雙首龍形的造形。

甲骨文學者很早就發現這個像背部拱起，兩端有龍首的文字就是「虹」。在甲骨文中，「虹」這種七色雙頭龍出沒不定，很愛喝水，出現時人間禍福難測。甲骨文裡有一段關於彩虹的占卜紀錄：

**王占曰：「㞢（有）求（咎）。八日庚戌㞢各雲自東面母，昃亦㞢出虹自北，飲于河。□月。」（□，表示缺字）**

意思是說商王占卜後說：「有壞事！」果然八

天後的庚戌日有雲團自東方來到（占卜文中的面母意思不明），下午有虹從北方過來吸食河水。

商人認為彩虹會移動，會吸食河水，這是一種「災咎」。然而，就算象徵壞事，仍是個有能力禍福人群的超自然存在，加之以常常與「雨」、「雲」一齊出現，因此商人也會想問問，出現虹是否會影響收成？

**庚寅卜，古貞：虹不唯年。**

**庚寅卜，古貞：虹唯年。**

庚寅日，貞人「古」占卜：虹會不會影響收成？

從甲骨文字形與占卜內容來看，商代人以為彩虹是一種龍，雖然象徵噩運，但也有可能帶來豐年。只可惜關於彩虹的占卜紀錄不多，還沒有辦法描繪出「彩虹」更清楚的樣貌。幸好在漢代的畫像石中，還保留著彩虹的形體，見圖6-2。

Picture No. 6-2

漢代的畫像石中，還保留著彩虹的形體。

## 一飲盡江河

虹的雙頭龍樣貌，漢代後漸漸淡出人們的記憶，但是「虹飲於河」的傳說，卻流傳下來。

在《漢書．燕王旦傳》中記載：

**「是時天雨，虹下屬宮中，飲井水，水泉竭。」**

彩虹降臨於宮中，一口氣就把井水喝乾了，真是飲水狂魔。

在魏晉南北朝時代，據說有位劉敬叔先生寫了一本《異苑》，從書名可知，這是一本記載異事的書籍，其中就有四則與彩虹有關的怪異故事。

### 第一則：一段彩虹繳水費與酒錢的溫馨故事

**晉陵薛願，義熙初，有虹飲其釜，須臾翕響便竭。願輦酒灌之，隨涸，吐金滿器。於是災弊日祛，而豐富歲臻。**

晉陵人薛願在義熙（西元四〇五～四一九年）初年時，遇到了彩虹在喝鍋子的水，唏哩呼嚕就喝乾了。薛願持酒再倒入，馬上又被彩虹吸乾了，彩虹隨即吐出黃金填滿鍋子。此後薛願一生無憂，年年富貴。

**第二則：一段生病還被彩虹偷吃稀飯的悲慘故事**

**長沙王道憐子義慶在廣陵臥疾。食次，忽有白虹入室，就飲其粥。義慶擲器於階，遂作風雨，聲振於庭戶，良久不見。**

長沙王劉道憐之子劉義慶在廣陵臥病在床。正在吃清粥小菜的時候，忽然有彩虹入室，把他的粥給喝光了。劉義慶一個不爽就把碗扔在台階上，於是忽然起風下雨，巨響震動於庭院門口，很久才消失。

**第三則：一段夫妻餓死化為彩虹的淒美故事**

**古語有之曰，古者有夫妻，荒年菜食而死，俱化成青絳，故俗呼美人虹。**

以前有個民間故事，古代有一對夫妻，在饑荒時因營養不良而死，一起化為青色虹霓而去，所以俗稱彩虹為美人虹。

## 第四則：一段無面老婦化身彩虹的恐怖故事

**太原溫湛婢見一嫗向婢流涕，無孔竅，婢駭怖，告湛。湛遂抽刀逐之，化成一物如紫虹形，宛然長舒，上沒霄漢。**

太原溫湛有一位婢女看到一個老婦人朝著她流淚，但仔細一瞧發現老婦竟沒有五官，婢女嚇得魂飛天外，跑去告訴溫湛大人。溫湛大人於是拔刀追殺無臉老婦，老婦幻化成像紫色彩虹一樣的東西，彎曲地朝天空伸展，上端隱沒於雲端。

這些故事有些溫馨、有些可怕，整體來說不外乎與天空和水氣有關係。虹飲水的傳說，到宋代仍有流傳。

宋代大科學家沈括在出使契丹的途中，看見虹兩頭垂於澗中，證實彩虹會到溪澗飲水。他還派了人到溪澗的對岸去，隔著彩虹相望，中間就像隔著一層薄紗。站在澗的西邊向東望，可以看到虹；反之，只見太陽直接照射，什麼都看不到。觀察了一段時間，虹稍稍移向正東方，越過山嶺就消失了。

第二天隨使節團走了一段路，就又再次看到彩虹。當時的天文學家孫思恭跟努力追尋彩虹腳步的沈括說：「虹是雨中的日影而已，只要太陽光照到雨就會出現。」

然而，沈括堅持親身觀察彩虹的形象與動向，仍認為古人所謂「虹飲水」傳說是可信的。儘管同時代孫思恭說彩虹只是雨中日影而已，但從沈括的描述中，虹就像生物一樣會飲水、移動。

## 妖氣的形象

彩虹除了雙頭龍與喝水狂魔的形象外，還有另一種較為無趣的解釋，就是陰陽之氣失調、衝突的結果。

《淮南子・說山訓》認為天有陰陽二氣衝突就會形成彩虹，人身體陰陽二氣衝突就會生病。此處的虹就從一種生物變成一種陰陽氣息不調的「現象」。

為什麼陰陽氣息會不調而出現彩虹呢？古人認為是作君王的德不配位要負起全責，因此西漢陸賈《新語》：

**「惡政生於惡氣，惡氣生於災異。蝮虫之類，隨氣而生；虹蜺之屬，因政而見。」**

只要君王施政太差、民調太低，蝗蟲、彩虹都會感應而產生，是上天用來警告君王的現象。

既然定調為陰陽之氣不協調，加上《詩經．鄘風．蝃蝀》這首詩主要是在譴責男女不依父母之命成婚私奔，總是容易使人聯想到男女關係不和睦。在東漢蔡邕的《月令章句》中：

**「夫陰陽不和，婚姻失序，即生此氣。虹見有青赤之色，常依陰雲而晝見，於日沖無雲不見，太陰亦不見。」**

若太陽為夫，太陰（月）為妻，那麼彩虹只會在太陽晦暗不明時出現，其角色不言可喻。而未出嫁的女子，更是不能受到彩虹的影響，前引《詩經．鄘風．蝃蝀》，全文如下：

**蝃蝀在東，莫之敢指。女子有行，遠父母兄弟。**

**朝隮於西，崇朝其雨。女子有行，遠兄弟父母。**

**乃如之人也，懷昏姻也。大無信也，不知命也。**

這首詩過去認為是在諷刺女子未經父母許可就私奔、結婚。雖然彩虹是妖異之象，但為什麼跟女子私奔有關呢？

其注解說：「夫婦過禮則虹氣盛。」夫妻性生活若是不知節制，就會有彩虹這種天象出現來示警。

東漢的經學大師鄭玄認為，彩虹是一種天象警戒，不敢妄指，何況已經化作具體行動的私奔之女，更是可恥得令人無法正視。

男女關係與陰陽之氣失調的結合，就更強化了這種古代人所認為淫亂的形象。在據說是為周代文獻的《逸周書》裡寫得更誇張：

**「小雪之日，虹藏不見。」**

**「虹不藏，婦不專一。」**

連婦人紅杏出牆都與彩虹出現有關，彩虹君你真是躺著也中槍啊！而這種與小三有關的形象，在宋代《太平御覽》有段陳太太升天記，描寫得更加生動精彩。

故事發生在盧陵巴丘，當地有個叫陳濟的基層公務員，他的妻子是個家庭主婦，平日總一個人在家。

有一天，陳太太突然像被魔神仔吸引一樣，恍惚發狂。這時一個又高又帥，穿著時尚的型男出現，把她帶到山澗裡去，在不知不覺間發生「關係」。鄉里人看陳太太出門所到之處，都有一道彩虹高掛天際。

有天，陳太太喝了型男用金瓶裝的水，居然懷孕了，生出一個像沒有手腳的米其林寶寶，突然，這男子現身來把小孩帶走，走時風雨交加，天色晦暗，鄉里的人只見兩道彩虹飛升，不再回來。

## 結語

彩虹從一開始的七色虹龍形象，被漢代學者逐漸改造成一種天人感應的現象，用來作為執政失敗的警訊。又因其性質，而變成禍亂男女關係的形象，最後在宋代失去了它神話傳說的色彩。

到南宋時，已經能理解虹的成因了。朱熹曾反駁沈括肯定虹飲水的實驗結論，他認為「虹非能止雨也，而雨氣至是已薄，亦是日色射散雨氣了。」這已接近於現代對彩虹的認知了，彩虹也漸漸卸下其傳奇色彩的外衣，不再是雙頭龍、飲水狂魔與男女私奔的象徵。

**參考資料**

于省吾主編，《甲骨文字詁林》，臺北：中華書局，一九九六年。

古方，《中國古玉器圖典》，北京：文物出版社，二〇〇七年。

宋鎮豪，《中國風俗通史夏商卷》，上海：上海文藝出版社，二〇〇一年。

杜小鈺，〈論殷墟卜辭中的「虹」——殷人農業中的旱神〉，《中國農史》二〇一〇年第四期。

晁福林，〈說殷卜辭中的「虹」——殷商社會觀念之一例〉，《殷都學刊》二〇〇六年第一期。

許舒穎，〈古文獻中的虹及其文化涵意〉，《碑林集刊》十九輯，西安，二〇一三年。

陳夢家，《殷墟卜辭綜述》，臺北：中華書局，二〇〇八年。

07

# 獎盃的考驗

## 野蠻小邦周的工藝教室

在現代的體育比賽中，説起「銅牌」或是「銅牌戰」總是帶點淡淡的哀傷。但是千萬不要灰心，拿起你的銅牌回到古代，你手上的那一塊也是金牌唷！

銅牌在古代是金牌，這真的不是在騙人。有一件叫做〈王子午鼎〉的青銅器上有這樣一句話：

**王子午擇其吉金，自作瀝鼎，用享以孝于我皇祖文考，用祈眉壽。**

這段銘文的意思是說，王子午精選很好的「金」作成鼎，用來進獻給他已經過世的祖父和爸爸，並且祈求長壽。

既然銘文這麼說，那麼我們也就知道所謂「吉金」就是用來做這件鼎的材料，也就是青銅。但吉金為什麼一點都不金光閃閃

Picture No. 7-1 王子午鼎

出土於河南淅川下寺春秋墓，器高 68 公分，重量超過 100 公斤。

呢？一般我們在博物館裡看到的青銅器也都是舊舊、破破的，一點都不金，這是怎麼回事呢？其實青銅器剛做好的時候真的是金光閃閃的，只是他們絕大多數都在泥土地裡沉睡了數千年，身上長滿了各式各樣的鏽，因此每一個都變得不是很金。下次大家在博物館裡看到那些生鏽的青銅器時，也可以想像一下它們剛剛做好時光輝燦爛的樣子。

## 什麼是青銅？

什麼是青銅？它是一種銅與錫的合金，生鏽以後常常是綠色或藍色，因此而得名。青銅的成分以銅為主，錫含量超過二%，其他元素含量在二%以下的，就會被稱為「青銅」或是「錫青銅」。有些青銅是鉛與銅的合金，稱為「鉛青銅」，這類青銅也是以銅為主，鉛含量超過二%，其他元素含量則在二%以下；也有一些青銅同時含有鉛與錫，稱為「鉛錫青銅」，鉛和錫都在二%以上，其他元素一樣在二%以下。每一位學者對於成分比例的定義可能不太一樣，但大致上來說都不會相差太遠。

在純銅中加入錫或鉛有什麼好處呢？主要有兩個重點：熔點下降、強度增加。純銅的熔點是攝氏一〇八三度，加入錫以後熔點就會降低。如果錫含量達二十五%的話，合金熔點就會降到攝氏八〇〇度。純銅的質地比較柔軟，可以用來做電線，但是青銅卻相對地非常堅固，因此適合用來製作雕像、武器等等。

## 青銅的起源

大家可能都聽過人類文明發展的三階段：石器、青銅器與鐵器。

每一個地區因為地質、地理、氣候等條件的不同，發展有早有晚，有一些區域還沒進入青銅時代就進入鐵器時代了，像是臺灣的十三行文化可能就是從石器時代直接「跳級」到鐵器時代的。目前可知最早開始發展青銅器的是埃及與兩河流域地區，約在西元前三五〇〇年左右。現代中國境內最早進入青銅時代的是甘肅地區，約在西元前三〇〇〇年；中原地區雖然發現了西元前二〇〇〇年左右的青銅器，不過學者們多半都是以河南的二里頭文化作為進入青銅時代的里程碑，那是西元前一六〇〇年左右，有些學者認為它是夏或早商的遺址。古代中國的青銅時代約在戰國中期進入尾聲，那時的工具、兵器逐漸改成用鐵製造。不過，青銅時代結束並不代表青銅器完全消失。人們依然使用青銅製造其他器物，例如大家在故宮可以看到的秦二十六年詔楕量（楕，音同妥），上面還刻著詔令，它是秦始皇統一度量衡時做的標準量器。宋代《天工開物》中也還有銅鐘鑄造方法的記載。

## 青銅器的鑄造

金屬器的製造有兩種基本方法：鑄造與打製。鑄造是將原料熔化成液狀，倒進模子裡，冷卻以後把器物從模子裡拿出來。打製則是以金屬薄片為材料，敲打出花紋或造型後，用鉚釘或其他方法接合在一起。

製造方法的選擇要考慮的是金屬的特性，像是質地柔軟的純銅（也就是紅銅）、銀、金等等，都是可以利用捶打的方式製成器物或裝飾品（當然，它們也都可以被熔化成液體進行鑄造），青銅因為硬度高、延展性差，所以製作青銅器的唯一方法就是鑄造。

雖然各地區一開始使用青銅時製作的東西都不太一樣，

Picture No.7-2 打製的純銀轉經輪

但是它們有一個共同點：可以用簡單的模子製成，像是鏡子、箭頭、針、墜子等等。這類小東西的鑄造只需要單面的模子或兩個拼合的模子，有點像製作冰塊（單面模子）或是雞蛋糕（上下拼合的模子）那樣。

用單個模子或兩個模子合在一起只是最入門的青銅器鑄造方法。最登峰造極的青銅器鑄造方法可以分為兩種：失蠟法與塊範法。

失蠟法的基本作法是：先用蠟或牛油等熔點低、易塑形的東西製作器物的模型。接著用可以耐高溫的泥土將模型包裹起來，並且留下一個倒入銅液、一個排出氣體和多餘液體的孔洞。這一層把模型包裹起來的泥土就是大家熟悉的「模子」。模子做好後就可以倒入熔融的銅液。因為銅液的溫度很高，會把蠟或是牛油做的模型直接氣化，留下的空間就會被銅液填滿，等到銅液冷卻後再把外面包裹的泥土敲開，就可以獲得跟蠟或牛油模型長得一模一樣的青銅器了。

塊範法跟失蠟法一樣，都需要有一個器物的模型以及相對應的模子。但是，在塊範法的製程中，人們會把模型「拿出來」，而不是放在模子裡讓它被銅液溶化或液化。工匠用陶土製作器物的模型，然後用陶土包裹在模型外製成模子，這些「模子」就是所謂的「範」。接下來，工匠要想辦法把範分成幾塊，小心移除被範包圍的模型，或是把模型改造成容器內部的範，再把一塊一塊的範拼回去、固定好。這樣一來，範裡面就會有空間可以把銅液倒進去了。

如果能夠近距離觀察器物，其實可以看到非常多線索，讓我們知道當時的工匠是如何把這些範分開又拼回去的。最容易找到的線索是「線」：在青銅器的表面上，如果看到有一些紋飾不連貫的地方，或是有垂直的線從上方延伸到下方，那可能就是兩塊範拼合的位置。因為陶範無法完全密合，銅液會從拼合處略略滲出，形成所謂的「範線」。以王子午鼎為例，它的器腹正中央，尤其是在紋飾比較繁複、接近腹底的地方有一條垂直的分線，那條線就是範線。在器物表面能找到範線的青銅器八九不離十都是使用塊範法做的，這條線可以說是這種鑄造方法遺留的最明顯線索。

陶範是塊範法的主角，許多學者相信，早期中國之所以發展出獨一無二的塊範法，與當時先進的陶器製作技術與耐高溫陶土的使用有密不可分的關係。陶器在捏塑完成後需要經過焙燒，才能堅硬並防水。在沒有超過負荷的情況下，燒成的溫度越高，器皿的硬度與防滲水的能力也就越高。以中國為例，新石器時代的龍山文化（約西元前三〇〇〇～二〇〇〇年），陶器的燒製溫度可以達到攝氏一千度左右。這個成就對銅器鑄造有兩個意義：一是當時的人能透過窯爐或其他設備，用柴火燒出很高的溫度，因此有冶鍊銅礦、將銅礦熔化成為銅液進行鑄造（純銅的熔點是攝氏一〇八三度）的能力；二是可以燒製耐高溫的陶器，讓陶範不被高溫銅液破壞。

除了簡單的單面範或雙面範，以及打製法，全世界的青銅時代鑄造技法基本上就是失蠟與塊範兩種。但是塊範法只有黃河與長江流域地區才使用，其他地區如兩河流域、埃及、歐洲等地區都是以失蠟法為主。有趣的是，有些學者認為，現代中國西半部甘肅、青海等地區的青銅文明在銅器成分與技法上與兩河流域等地區比較類似，反而與中原地區的塊範法關係較小。

不僅鑄造的方式不同，使用失蠟法與塊範法的人所生產的產品也不一樣。在兩河流域、埃及和歐洲等地區，青銅主要是用來製作雕像。但在使用塊範法的現代中國東半部，卻是以鼎、爵等容器為主。顯然，對於這些可以自由塑形並且長久保存的新材料，生活在不同地區的青銅時代人們有著很不一樣的

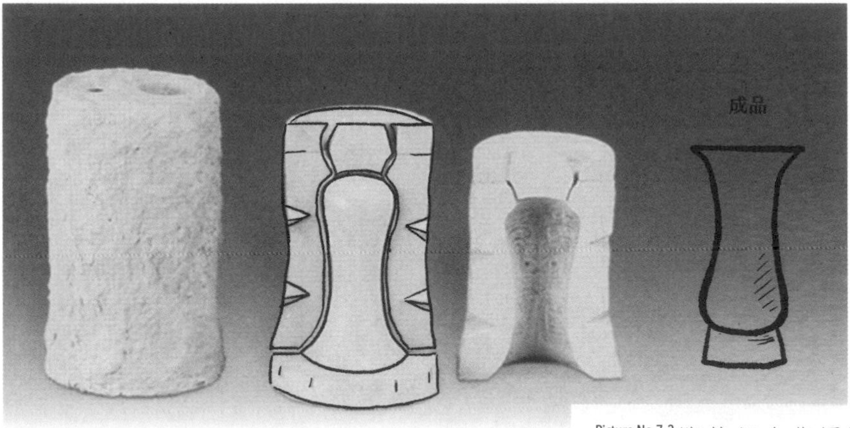


Picture No.7-3 陶範組合復原圖

想法。

不過，生活在東亞大陸上的人們並不是很堅持非塊範法不可。到了春秋戰國時代，他們所鑄造的青銅器有了很多新的變化，最讓人感興趣的是，這個時候，長江流域楚國、曾國等地方的人喜歡的是繁複的裝飾風格，許多器物都加上了讓人眼花繚亂的裝飾，在器身上附加了六個複雜糾纏爬龍裝飾的王子午鼎就是其中之一。許多學者認為這些讓人目炫神迷的裝飾不是用塊範法做的，而是失蠟法——因為這些縱橫交錯又鏤空的裝飾，很難讓工匠把範一塊一塊完整的從模型上剝下來，再一塊一塊地組回去。當然，也有學者認為當時的工匠們絕對有能力完成這樣的任務。直到今天，這個問題都還是學者們爭辯的話題。

## 青銅有什麼了不起？

即使在春秋戰國時期人們已經開始使用失蠟法鑄造青銅器，但是多數的器物還是用塊範法製造的。有很多器物只有裝飾的附件可能是由失蠟法製作，但器物的主體仍然是非常典型的塊範法製品。

除非是大量生產，否則製作陶器與簡單的青銅器如箭鏃、鏡子等等，都不需要太多的人力就能完成。但是如果要製作像王子午鼎這樣高級的青銅器，過程就會複雜得多；它需要礦工、冶鍊工、製模陶工、製範陶工，甚至是焊接、打磨工的配合，每一項都是一種專門的技術。

既然是專業技術，學徒必須經過長期的學習與練習才能成為獨當一面的工匠，而且這項技術必須要能夠與其他不同專業的工匠配合。因此，每個工匠所持有的技術都是一套固定的流程，雖然可能有一些個人的風格與偏好，但是整體來說他的製作方法與他的師父不會相差太遠，他們所製作的產品也不會有太大的差異。這也表示人們會比較難接受新的技術，或是在擁有舊專業的同時成為另一項技術的大師，就像在大學裡只有少數人才會雙主修一樣。有能力掌握與贊助新技術的只有富有的貴族。從這個角度，也就解釋了為什麼只有等級很高的貴族才能享有失臘法製造的華麗器皿，而一般人只能使用素面沒有裝飾的青銅器甚至陶器。專業分工也表示了另一件事情：有人在組織、調度著很多其他人——因此我們可以推想，這個時期有社會分工與社會的階層，就好像一個工廠裡有廠長管理著生產線上的每一個工序和每一個工人一樣。

「階層」並不是青銅時代才出現的，考古學家在新石器時代就注意到了社會裡有些人的房子比較大、墳墓裡的隨葬品比較高級，或是擁有一些非常稀有的裝飾品。到了青銅時代，「青銅」這項稀有的材料強化了「階層」。只有等級夠高的人才能擁有夠多的青銅來做武器以外的東西，等級不足的小兵只能在旁邊羨慕地看著統治者炫耀華麗的青銅酒杯。

所以，千萬別小看這些破舊的青銅器，它們不只是一件件手藝非凡的工藝品，在中國的青銅時代，它們可是爭權奪利的勝利者才能擁有的徽章啊！

**參考資料**

http://www.ancient.eu/Bronze_Age/

朱鳳瀚，《中國青銅器綜論》，上海：上海古籍，二〇〇九年。

劉岱總主編，《中國文化新論・藝術篇：美感與造型》，臺北：聯經出版，一九八二年。

陳芳妹，〈「商代多元青銅藝術系統」研究的新線索——藝術、技術、用銅概念與用器行為〉，《故宮學術季刊》第二十三卷第二期，二〇〇五年。

李濟、萬家保，《古器物研究專刊（四）：殷墟出土青銅鼎形器之研究》，臺北：中央研究院歷史語言研究所，一九七〇年。

吳來明等著，《雄奇寶器：古代青銅鑄造術》，北京：文物出版社，二〇〇八年。

08

# 漢字哪有這麼萌

## 漢字史上最可愛的族徽銘文

「徽章」在歐洲象徵著氏族的榮耀與血統，形式複雜、顏色豐富。同樣地，日本也有用以彰顯貴族或武士階層的「家徽」，形式雖較為簡約優雅，但也突顯了該民族或該氏族的特色。現今的我們也經常設計徽章來象徵一個特殊群體，例如：為學校設計校徽，為班上設計班徽，為公司設計商標等等。生活上許多事物往往需要靠標誌或徽章加以辨別，同樣一個包包，有沒有LV的標誌可是差上好幾百倍的價錢。事實上，這種使用徽章或符號標誌某一群體的習慣，也廣泛出現在古代中國，尤其是商代，而這類標誌通常被古文字學家稱為——族徽銘文。

# 是文字還是圖畫？

學者所說的族徽銘文，是指商朝末年或是西周早期一些青銅器上出現的單字，這些單字有時會出現在篇幅較短銘文的開頭或結尾處，由於無法和內文通讀，因此往往相當醒目。

這些造型奇特的銘文早在宋朝就被學者注意到了，而隨著研究的深入，大家開始注意到這些單字和一般文字有著區別。例如：族徽銘文往往比一般文字更為象形，更像圖案。

釋文：漁

釋文：牛

釋文：羊

Picture No. 8-1 族徽銘文

也有一些單字實在太萌太可愛，以至於很難辨識：

除此以外，它出現在青銅器的狀態十分不固定。雖然大部分出現在銘文的開頭或結尾處，但也有少數見於字句之間的例子。這些單字不僅形體不固定，更無法與其他銘文一起閱讀，成為具有意義的句子，因此「族徽銘文」究竟是文字還是圖畫？這個問題，始終困擾著千百年來的古文字學者。

以目前的研究趨勢來說，多數學者還是同意「族徽銘文是一種文字的型態」。他們秉持這個觀點的理由有二：

第一，過去有不少學者因為族徽銘文有著較強烈的象形性，就認為它和同時代的甲骨文、金文都很不一樣，於是假設它是一種介於圖畫和文字之間的符號。但是，「象形性強」這種特色其實不能證明它就不是文字，事實上，已經有不少象形性強的族徽文字被古文字學者釋讀出來了。

例如，右圖所見族徽文字原本並無法解讀，但經過古文字學家的研究，發現它就是傳說中不食周粟的伯夷及叔齊的母國——孤竹國族徽。這個例子告訴我們，儘管族徽銘文的象形性很高，有時看起來似乎和圖畫沒有什麼區別，不過若是具備充足的古文字知識或是其他可以參照的文字材料，還是有可能解讀出族徽銘文。

第二，有些學者認為族徽銘文太過簡略，形體或次序又常常任意顛倒，這種不符合語法的寫法，不能算是真正的文字。不過主張族徽銘文是文字的學者也反駁，簡略或是次序顛倒都不能作為否定文字本質的理由，因為族徽銘文就類似於我們今天將文字符號加以圖案化，構成商標、標誌等的做法，這些構成商標的文字即使寫法或形體和原來不太一樣，我們也不會因此認為它不是文字。正因為如此，族徽銘文仍然是字而不是圖像。

經過學者們熱烈討論，似乎不得不承認族徽銘文是文字而不是圖像。不過造成種種紛爭的主要原因，還是由於族徽銘文本身的複雜性，這個複雜性從族徽銘文的命名過程就能深刻體會。

## 是「族名」還是「徽章」？

當我們聽到「族徽」一詞時，腦中很快就會浮現一個氏族徽章的樣貌，然而，前面所列那些萌萌的象形文字跟歐洲貴族徽章或是日本武士家徽，似乎又有蠻明顯的差異。那麼「族徽銘文」的說法究竟是怎麼出現的？

學者認為族徽銘文所記錄的，大概是商周時代一個氏族的「族名」。而這些族徽銘文通常會以兩種形式出現：第一種是和個人私名、職官名一起出現。

例如右方這個銘文，是該族的族名，宋代學者認為它應讀作「析子孫」；而下方的「（踊）」字則是器主本人的私名，由此可知青銅器主人就是「析子孫」族的「踊」。在這個例子裡，雖然族名和個人私名都有很強的象形性，但我們不能同時把

和都視為族徽。這種「族徽＋私名」形式和我們今天的姓名結構明顯不同，因此學者可以利用這些材料，進一步了解在姓名制度出現以前，古人又是如何呈現他們的「名字」。

第二種情況則很特殊，研究族徽銘文的學者發現，有時一個青銅器會出現兩個以上氏族的族名，因此稱為「複合族徽」。具體來說，複合族徽是指青銅器中，除了作器者自署的氏族名號，還出現另一個或兩個以上的氏族名號，而且不同器物還可以看到不同的組合形式。假設目前有A、B、C三族，那麼我們就有可能看到AB或AC或ABC組成的複合族徽樣貌。例如以下三個複合族徽，就是由天族與族、戈族以及族組合而成。

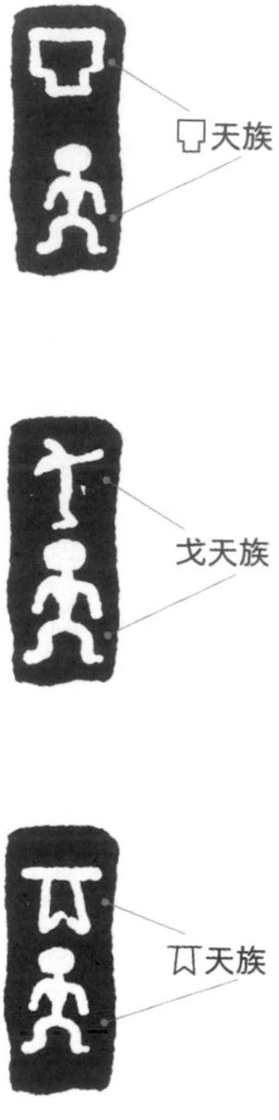


族徽的出現，暗示著古代氏族之間一種聯合或是從屬的關係。它們可能是兄弟、婚姻的親族關係，也有可能是軍事或政治上的結盟，更不排除這幾種關係同時發生在兩個氏族

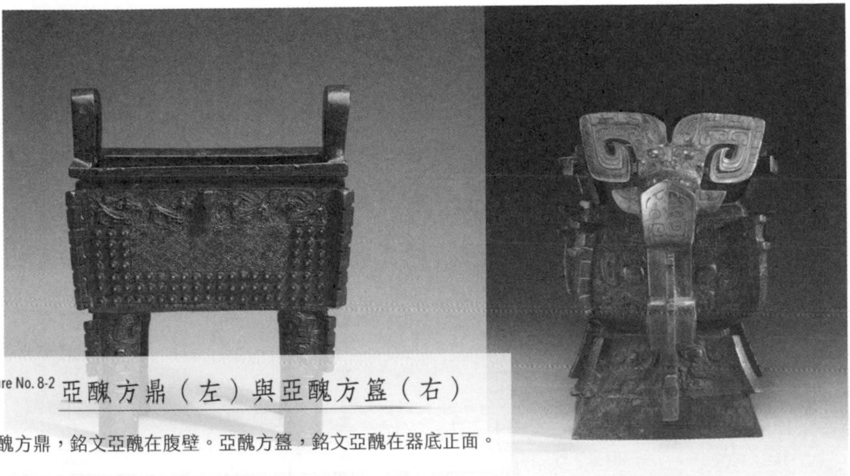

Picture No. 8-2 亞醜方鼎（左）與亞醜方簋（右）

亞醜方鼎，銘文亞醜在腹壁。亞醜方簋，銘文亞醜在器底正面。

之間。總而言之，從這些現象可以發現，商末周初青銅器上所謂的「族徽銘文」並不像是歐洲貴族徽章或是日本武士家徽那麼單純，它不僅是一種文字的形態，還代表著一個氏族的故事。

## 族徽銘文與亞醜氏族

走進臺北故宮博物院三樓的青銅常設展區，很難不注意到其中一列展櫃的青銅器，它們身上都有著共同族徽銘文，標誌著來自一個名為「亞醜」的家族。

故宮裡的「亞醜」青銅器多半是傳世器（古代流傳下來的收藏品），不知出土自何方，也難以判定「亞醜」是個什麼樣的家族。幸好，一九三一年四月山東青州蘇埠屯出土了一批鑄著「亞醜」族徽的青銅器；一九六五到一九六六年間山東省博物館又在此地挖掘了四座墓葬和一座車馬坑，其中出土了一件「亞醜」銅鉞（音同越）；一九八六年，又陸續清理出一件「亞醜」青銅觚（音同估）以及一件「亞醜」青銅爵。蘇埠屯陸續出土的「亞醜」青銅器，彷彿暗示著考古學家那些不知來歷的傳世「亞醜」青銅器，可能也是來自於此地。

這些鑄有「亞醜」族徽銘文的器物，不僅數量龐大，連器形也多為當時較少見的方形器。然而，「亞醜」究竟是什麼來歷？有學者認為可能和甲骨卜辭出現的商代政治人物「小臣醜」有關，小臣醜曾經奉商王的命令征討東方夷族，並且得到附近的封地，極有可能便在此落地生根，繁衍後代。透過這些隱微的線索，我們似乎可以隱約看到一支山東青州的古代氏族，製造著造型罕見的青銅禮器及武器，繁榮而鼎盛地生活著。

類似的情況還見於商代晚期的重要氏族「史」族，目前所見鑄有「史」族徽銘文的青銅器約一百件，出土地散布在河南、陝西、遼寧以及山東滕州，其中以山東滕州前掌大墓

Picture No.8-3 亞醜族徽

地出土最多。從青銅器出土數量看來，前掌大墓地可能就是「史」族的居住地，而出土於其他地區的「史」族銅器可能是西周初年周人東征的戰利品，或是透過聯姻、分封等因素而流傳出去的。

這個位於東方的商代重要氏族歷時長久，學者在西周初年的〈薛侯鼎〉銘文中發現「史」族的族徽，進而認為薛國可能就是史族的分化或分支。而薛國不僅經歷商代、西周，甚至延續到春秋，及至戰國才滅亡。除此之外，前掌大墓地距離薛國故城只有僅僅一千公尺，兩者位置非常接近，令人不禁將商代「史」族和西周薛國聯想在一起。

從這個例子不難發現，原來我們可以透過這些有著相同族徽的青銅器，串起商、周兩代氏族的關係，補充史書所沒有的記

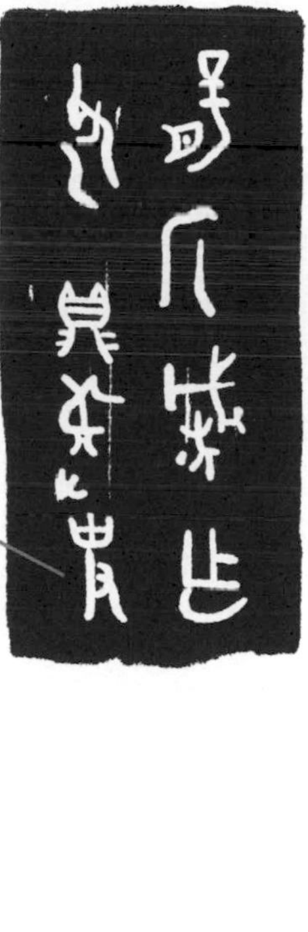

薛侯鼎銘文

Picture No.8-4 史族族徽

載，也讓我們對於商周兩代的情況有了更具體而細微的認識。

經過這篇文章介紹，大家應該有了全新感受，原來在族徽銘文看似可愛蠢萌的外表下，居然有著深沉而複雜的內在。它除了代表漢字發展的一個特殊階段，學者也可以從研究它的表現方式，揭開三千年前氏族變遷與流轉的過程；或是從帶有私名的族徽銘文，了解一個氏族裡可能包含哪些人士；又或者藉由複合族徽，了解當時氏族與氏族的關係，從而進一步研究商周時期的社會組織結構。

這些長相甜美的族徽銘文，不只給中國文字注入一股暖流，更為我們認識中國古代的社會，提供了一個想像基礎。

## 參考資料

林澐，〈對早期銅器銘文的幾點看法〉，《古文字研究（第五輯）》，北京：中華書局，一九八一年。

李學勤，〈重論夷方〉，《走出疑古時代》，遼寧：遼寧大學出版社，一九九七年。

張懋鎔，〈一千年來商周青銅器族徽文字研究述評〉，《古文字與青銅器論集（第三輯）》，北京：科學出版社，二〇一〇年。

殷之彝（張長壽），〈山東益都蘇埠屯墓地與「亞醜」銅器〉，《考古學報》一九七七年第二期。

黃川田修，〈齊國始封地考——山東蘇埠屯遺址的性質〉，《文物春秋》二〇〇五年第四期。

郭妍利，〈也論蘇埠屯墓地的性質〉，《三代考古（三）》，北京：科學出版社，二〇〇九午。

董珊，〈釋蘇埠屯墓地的族氏銘文「亞醜」〉，《古文字與古代史（第四輯）》，臺北：中央研究院歷史語言研究所，二〇一五年。

# 09

# 射一箭不夠，你不會再射三箭嗎？

## 作冊般鼉與古代射禮的故事

一說到青銅器，相信大部分人的腦海裡都會浮現鼎、簋、壺之類的造型。但事實並非如此，從現今出土的青銅器發現，原來古人也做過很多動物造型的青銅器，包括鹿、馬、大象、犀牛以及鱉等。

前面幾種動物還不令人覺得奇怪，但是做鱉造型的青銅器就很特別了。古書裡有一些古人吃鱉的記載，像是《詩經・小雅・六月》：「飲御諸友，炰鱉膾鯉」，或是《孟子・梁惠王上》：「穀與魚鱉不可勝食，材木不可勝用，是使民養生喪死無憾也。」如今也仍有許多鱉料理可以享用。但是古人是因為愛吃鱉愛到做了個青銅器嗎？還是有別的目的呢？以下就讓小邦周來告訴大家，這隻青銅鱉的故事。

## 身中四箭的作冊般黿

西元二〇〇三年，位於北京的中國國家博物館展開了一項工作，他們準備向全國各地徵集重要文物，就在此時，意外地出現一件令人驚豔的珍奇藏品，那是一個長二十一．四公分、高十公分、寬約十六公分的大黿（音同圓）造型商代晚期青銅器。

大黿，是什麼動物呢？它俗稱沙鱉或藍團魚，是鱉科動物中體型最大的一類，目前屬於中國國家一級重點保護動物。然而，令人好奇的是，向來喜歡製作青銅容器的商代人，怎麼會想要打造一隻青銅大黿？況且，青銅黿的背部還斜插了四支箭，分別深深地貫穿它的身軀，這究竟代表著什麼意思？是藉此說明大黿死前的模樣嗎？那麼商代人又

Picture No. 9-1 作冊般黿

為何需要特別刻畫這隻大黿之死呢？種種疑問，不但令所有人感到好奇，更引發一連串熱烈的討論。

就目前學界所知，這種動物造型的青銅器在商代晚期並不常見，因此大黿的出現更是引發高度關注。究竟商朝人製作這樣一個栩栩如生的青銅黿為的是什麼目的？這個謎團很快地席捲所有看到青銅大黿的人們，幸好，答案並不難找，學者很快就在青銅黿的背部發現數行痕跡清晰的銘文，上面寫著：

**丙申，王戈于洹，獲。王一射，贊射三，率無廢矢。王令寢馗既于作冊般，曰：奏于庸，作女寶。**

原來，這隻大黿是丙申日那天商王抵達洹水時所獵獲的。

根據銘文記載，這隻大黿身上總共中了四箭。第一箭來自「王一射」，基本可以確定是由商王射中的，但是接下來的三箭，也就是「贊射三」，到底是商王親自補射還是由其他臣子襄助？學者至今仍有不同看法。不過無論如何，這四箭都精準地射穿了大黿的身軀，成為商王完美俘獲的獵物，而牠最後還被商王賞賜給屬下——作冊般。「作冊」是商周時代的史官名稱，同時也是「般」的職位，他不是親自從商王手中接獲這份禮物，而是由寢官＊「馗」奉王命前來轉交賞賜物，並順道帶話告訴作冊般，請他將此物作為傳家之寶。

雖然銘文的出現，為我們認識這隻神祕的青銅大黿帶來了一線曙光，但同時也迎來更多的謎團。銘文裡面提到，王派遣寢官馗將大黿賞賜給作冊般，並要他將此物「奏于庸」，然而令人疑惑的是，身為史官的作冊般為什麼有資格得到這隻大黿？商王究竟是將大黿的屍身賞賜出去，再由作冊般拿去複製成青銅器，還是先鑄好青銅黿，再賞給作冊般呢？「奏于庸」又是代表什麼意思？商王究竟希望作冊般如何處置這隻大黿呢？

為了解釋這段看似清楚，實則模糊的銘文內容，學者們提出了各種不同的假設。有學者認為，商王賞賜的是大黿屍身，再由作冊般負責鑄造成青銅器，並將此事譜入樂曲，以供未來演奏紀念。也有人主張，作冊般不曾獲得賞賜，只是奉商王命令製作此青銅黿，為的就是宣揚商王的孔武有力，百發百中，獵獲神黿。更有人認為，這隻大黿並非獵獲的，而是原本就屬於商王舉行射禮的工具，作冊般將它製作成青銅器也是為了宣揚商王的武功。這些林林總總的說法，至今仍莫衷一是，無論是大黿身上的四箭究竟是誰所射？還是「奏于庸」到底是指演奏音樂，還是銘記武功？甚至是這隻青銅大黿的性質或用途為何，都還需要等待學者們更進一步的研究，才可能慢慢揭開這些謎團。

不過，無論學者怎麼解讀作冊般黿的銘文，大家普遍同意這次商王射大黿的事件，應該與古代著名的「射禮」有密切關係。

## 青銅器所見的「射禮」

關於中國古代的射禮，最著名的一段話，應該就是《論語・八佾》提到：

**君子無所爭，必也射乎。揖讓而升，下而飲，其爭也君子。**

「射」不僅是孔子認證的君子之爭唯一方法，也是古代貴族彰顯身分地位的重要活動。傳世典籍如《儀禮》就有記載關於鄉射、大射之禮的詳細儀式與過程，《禮記》也有〈射義〉一篇解釋古代貴族舉行的射禮意義，認為射箭是訓練仁心的方法，唯有端正自己才能百發百中。由此可見，古人心中的「射禮」已經與君子的自我節制有所連結，「射禮」不只是藉由射箭比出一個高下，更是用來鍛鍊自身行為舉止、氣度容貌的手段之一。

這些文獻記載大致反映了春秋戰國時代人們看待「射禮」的想法，但是令人好奇的是，從商代晚期的作冊般黿到春秋時代的孔子，這段漫長的歷史過程中，「射禮」是如何形成？或是曾經產生過什麼樣的變化呢？

事實上，「射」的來源非常早，商代就已經出現不少關於「射」的甲骨卜辭。例如，殷墟花園莊東地出土的甲骨就有這麼一段記載：

**戊子卜，在鹿：子其射，若。**

**戊子卜，在鹿：子勿射，于之若。**

這是一段卜問「子」的射箭是否順利的刻辭，有學者認為這條卜辭說明殷商貴族弟子有學習射箭的傳統。除此之外，殷墟還出土了兩萬多枚獸骨做的箭鏃（箭頭。鏃，音同促），九百多枚青銅箭鏃以及矢箙（矢箙是指裝箭的袋子。箙，音同服）等相關射箭配備。

不過無論如何，僅靠著卜辭的簡短記載，我們還是很難看出商代射禮的具體內容，而真正較完整表現射禮過程的出土材料，還是要屬西周時期的青銅器銘文。

具體涉及古代貴族射禮的青銅器銘文，首先可以關注西周中期的〈靜簋〉，它的銘文提到：

**……丁卯，王令靜司射學宮，小子眔服眔小臣眔夷僕學射。雩八月初吉庚寅，王以吳𠦪、呂剛……邦周射於大池，靜教無斁……**（眔，音同踏）

這段銘文表示器主「靜」被周王命令「司射學宮」，就是管理大學的射箭課程，用現在的話講，大概就是個體育老師。前來學習的成員包括小子、服、小臣以及夷僕等不同階級的人士，較高級的有「小子」這類貴族子弟，但也有像「夷僕」這樣的低階官吏，雖然同學們的背景和資質似乎都差很多，但射箭似乎都是他們的必修課程，這說明西周時代非常重視貴族與官史「射」的教育。

銘文又提到八月庚寅日這天，周王想當一下督學，於是帶著一幫大臣前來視察，並且在大池舉行射禮，考考這些學員的學習成果。幸好同學們表現都不錯，而體育老師「靜」

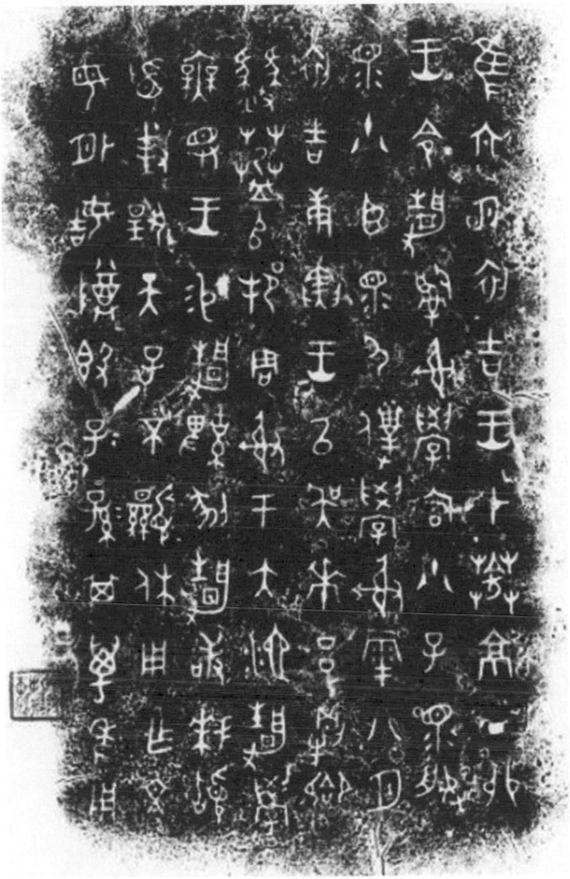

Picture No. 9-2 〈靜簋〉銘文

也因為教學評鑑優良，獲得了周王的賞賜。

這種射箭課程帶有明顯的軍事訓練成分，不僅年輕貴族需要訓練學習，就連周王本身也不能懈怠。例如，〈十五年趞曹鼎〉（趞，音同昔）的銘文就提到：

**唯十又五年五月既生霸壬午，恭王在周新宮。王射於射盧。**

「射盧」是古代專門用來射箭的場所，在金文中又可以叫做「宣榭」或「宣射」，在文獻裡面還可以叫做「序」。基本上，「射盧」是設於王宮中東西兩側的廂房，舉行射禮時，周王與貴族弟子就會在廊廡下定點射箭。如今，這樣的建築與場景已經不太容易看到了，不過據說日本京都的著名景點「三十三間堂本堂」至今仍會定期舉辦「通し矢（遠射）」祭事，或許，我們還可以藉此懷想古代貴族舉行射禮的樣貌。

周王除了在「射盧」舉行射禮之外，還可以在學宮的大池舉行水射。例如，西周早期〈麥方尊〉銘文講到分封在外的邢侯回到宗周晉見周王，周王十分開心，便和邢侯在大池舉行射禮：

**……雩若翌日在辟雍，王乘于舟，為大禮，王射大鴻禽，侯乘于赤旂舟從……**

「辟雍」就是周代的大學，古代大學是個草堂，四周有水池環繞，附近還有廣大的園林，水池中有鳥獸聚集。大家讀書讀累了就可以在水池划划船、獵鳥獸，真心美好。〈麥方尊〉裡的周王和邢侯就是在大學的水池舉行射禮，而且周王還射中一隻人鳥，邢侯則搭乘有著紅色旗子的小舟跟在後頭，呈現一幅君臣同樂的好風景。

這類射禮就沒有那麼強的軍事訓練意味，反而比較像是周王想要藉由大池的射禮來增加與諸侯之間的感情，而類似的情況也可以在西周早期〈柞伯簋〉（柞，音同作）銘文看到：

**唯八月辰在庚申，王大射在周。王命南宮率王多士，師酉父率小臣。王遲赤金十鈑。王曰：小子、小臣，敬有賢，獲則取。柞伯十稱弓，無廢矢。王則畀柞伯赤金十鈑，遂賜柷見，柞伯用作周公寶尊彝。**

這篇銘文記錄了一次周代貴族射箭比賽的過程。八月庚申日這天，周王在宗周舉行了大射禮，參加比賽的共有兩隊人馬，第一隊是由隊長南宮率領王多士（指周王底下的百官）組成，第二隊則是由隊長師酉父率領小臣所組成，接著周王拿出了獎品——紅色高級銅料十鈑，並宣布在這場比賽得到勝利的人，可以獲得這筆獎金。最後，獲得勝利的正是柞伯本人，因為他在這場比賽箭無虛發，所以獲得了周王賞賜的獎金。

從〈作冊般黿〉到〈柞伯簋〉，我們可以窺見商周時代貴族舉行射禮的各種情況。孔子何以認為「君子無所爭，必也射乎」，正是因為「射」不僅是商周貴族展現武力、訓練軍事的方法之一，同時也呈現出古代貴族階層分明、井然有序的社會樣貌。雖然「射箭」對現代人而言，已經演變為十分專業的運動項目，不過類似的活動仍然以不同形態存在於我們的生活之中，像是夜市常見的射氣球、射水球、套圈圈，也都是藉由類似的競技活動增進生活樂趣，可說是庶民版的君子之爭。

**註釋**

* 寢官，魏慈德認為商代寢官本來可能是小童臣虜，後來成為替王侍寢的寢人。而有些寢人因居於王側，受到王重用而地位竄升，故在卜辭或商代青銅器中，有些權勢大的寢官還可替王傳達命令或代為賞賜。

**參考資料**


李學勤，〈作冊般黿考釋〉，《中國歷史文物》二〇〇五年第一期。

朱鳳瀚，〈作冊般黿探析〉，《中國歷史文物》二〇〇五年第一期。

裘錫圭，〈商銅黿銘補釋〉，《中國歷史文物》二〇〇五年第六期。

宋鎮豪，〈從新出土甲骨金文考述晚商射禮〉，《中國歷史文物》二〇〇五年第六期。

董珊，〈從作冊般銅黿漫說「庸器」〉，《古代文明研究通訊》總二十四期，二〇〇五年三月。

魏慈德，〈甲骨文中的寢官〉，《嘉大中文學報》第五期，二〇一一年三月。

商艷濤，《西周軍事銘文研究》，廣東：華南理工大學出版社，二〇一三年。

10

# 一入豪門深似海

## 西周世家大族的土地協調會

這天清晨，年輕的召伯虎才到朝廷，不少貴族便衝著他笑。有人來到他身邊，低聲說道：「召虎，聽說你昨天又被告了！」他不回答，只是逕自走入朝廷，對周王稟報，「關於玁狁入侵一事，臣……」看著召伯虎大聲說著異族入侵的防務問題，其他貴族們又故意高聲叫嚷：「府上的家僕一定又偷拔了人家的小米啦！」召伯虎睜大眼睛說：「你怎麼這樣憑空汙人清白……」，「什麼清白？我前天親見為了規避法律責任，把有問題的田產都捐給自家基金會啦。」召伯虎漲紅了臉，爭辯道：「什麼基金會，我家琱生深受天子（拱手朝上）信任，我忝為大宗之子，讓地給有德之人，不能算規規……避法律責任！貴族之間的事，犯得著興訟麼？」接連便是難懂的話，什麼「天數有變」，什麼「神器更易」之類，引得眾人鬨笑，朝廷內外充滿了快活的空氣。

這位年輕的召伯虎，是西周世家「召氏」家族的族長。早在西周開國之際，召氏族人就在政壇擁有相當大的影響力，隨著時間流轉，龐大的土地、田產、奴僕，以及數不清的親戚，更讓這位剛剛開始統領家族的年輕人每天為了處理各種事務而忙碌不已。

召伯虎無法像今日的富二代那樣，每天開名車、泡酒吧，過上豪奢生活，而是要應付不時上演的家族紛亂，或是為了土地田產而打官司的親戚。在傳世文獻裡，我們總是看到西周貴族宴賓會客或是對外征戰的模樣，像這樣精采的「家庭劇」情節卻不容易看到。幸好，出土文獻常常為我們提供不同視角來認識歷史，在名為「琱生三器」的青銅器上，就鑄了這麼一段西周召氏族人如何召開會議處理家產的故事。

## 我們仨——琱生三器的由來

這三件名為「琱生」（琱，音同凋）的青銅器，在學界被合稱為「琱生三器」。琱生是這些青銅器製作者的名字，雖然說是「琱生三器」，但實際上卻有四件，這倒底怎麼一回事呢？

原來在這些青銅器當中，其中有兩件「琱生簋」（簋，音同軌）是流傳下來的。學者根據銘文發現一件鑄於周王五年，所以稱「五年琱生簋」；另一件則鑄於周王六年，於是被命名為「六年琱生簋」。這兩件青銅簋的造形大致相同，唯一的差別在於「六年琱生簋」兩邊手把下的珥斷了。因此學者判斷這兩件器原本就是一對的，鑄造時間相同，兩器銘文也可以接在一起閱讀。內容是在記載一位名叫「琱生」的人參與一場召氏宗族土地協調會的過程。

二〇〇六年十一月秋末，陝西扶風縣五郡西村的農民意外發現一處青銅窖藏，裡頭共有保存良好的青銅器二十七件，而其中兩件鑄有相同銘文的青銅尊，內容竟然與傳世的琱生簋有關。更神奇的是，經過學者的研究，「琱生尊」銘文居然還可以和前面兩件「琱生簋」連讀。這麼一來，只要按著「五年琱生簋」—「琱生尊」—「六年琱生簋」的順序閱讀銘文，一段關於西周豪門如何協調家族內部紛爭的故事，就這樣活生生地在後人眼前展開。

## 大宅門的真相——琱生三器銘文

雖然琱生三器記錄了一場這麼精彩的豪門土地協調會，不過這篇銘文是出了名的難讀。專家學者各有不同的看法，人人心中都有一個召氏家族。因此這裡只能綜合目前的研究成果，稍稍將故事大要說明一下，避免進入銘文解讀的無限輪迴。

話說這個〈五年琱生簋〉的銘文，是記載某一天，召族宗主召伯虎與婦氏（可能是他太太）前來拜訪親族長輩——琱生，三人準備共商族內大事。雖然琱生並非族長，但年紀恐怕比召伯虎大上許多，他對著年輕的召伯虎及婦氏娓娓道來那些往事，說道：「當年君氏（可能是前族長）是這麼告訴我的：『我年紀已經大了，家族內的僕傭土田還有許多紛擾，搞得親戚間互相告來告去的。不如這樣吧，族長負責處理其中五分之三事務，你負責處理其中五分之二事務，又或者族長負責三分之二，你就負責三分之一吧。』我已經答允君氏的請託了。」年輕的宗主召伯虎聽聞琱生說法後，明白了他的意思，便表示「這件事情我已經了解了，就順從著父母親的意思吧，我不會亂搞的！」於是雙方便愉悅地達成了初步共識。

至於〈琱生尊〉則是記載不久之後的某天，召姜（即前文的婦氏）再度跑來造訪琱生，

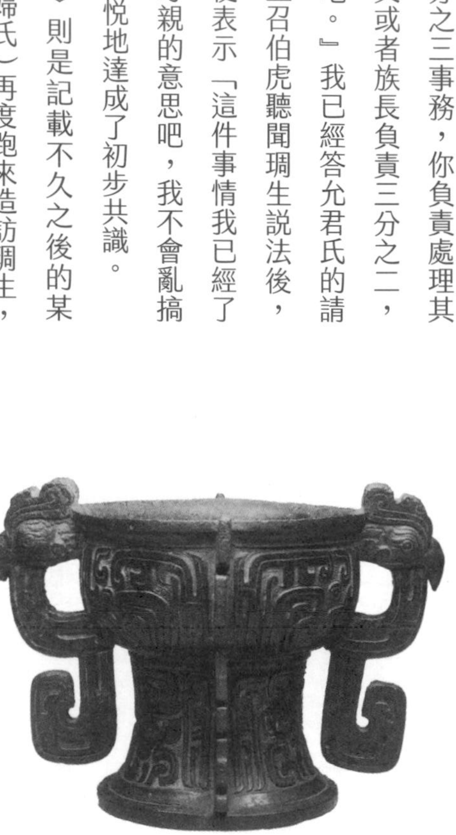

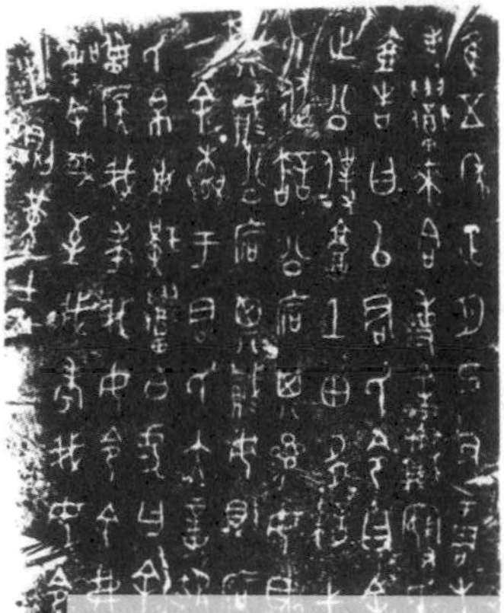

Picture No.10-1 五年琱生簋及銘文

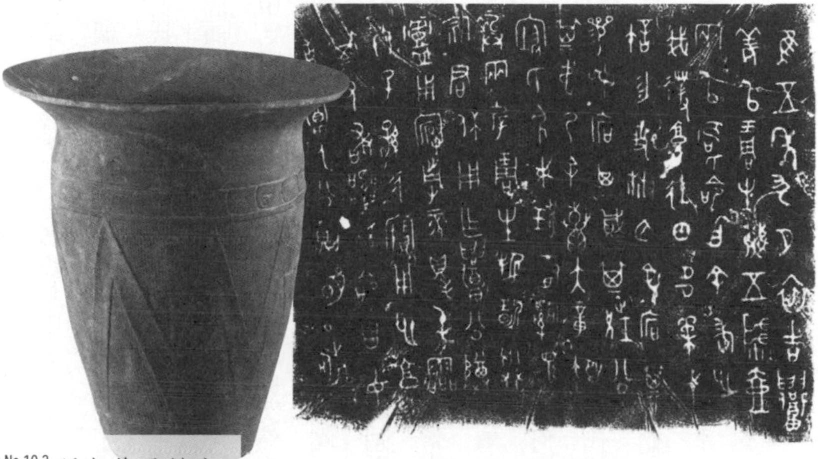

Picture No.10-2 琱生尊及銘文

Picture No.10-3 六年琱生簋及銘文

她說：「當初君氏說：『我老了，家族內的僕傭土田搞到這麼多紛擾官司，千萬不要就這樣散亡吶！』我們決定負責其中五分之三，您負責其中五分之二，家族內畢竟是公家為大呀！」琱生聽了，沒多說什麼，便接受了這個方案，並且大大頌揚宗主召伯虎一番，顯然處理召氏家族土地紛爭的方案已經被宗主與琱生確立下來了。

問題是，最後他們順利解決家族內部的紛紛擾擾了嗎？事情的答案就在〈六年琱生簋〉銘文中。隔年的某一天，宗主召伯虎突然表示：「我有好消息要告訴大家，我們終於用錢把官司給搞定啦！總算沒辜負我爸媽的囑託。」又說：「更好的消息是，我已經把結果告知相關部門了，相關的分配、數量和範圍通通處理好啦！」召伯虎也把這個消息告訴了琱生，並將當初協調好的部分也通通歸給琱生，交由他負責。

這三段銘文雖然乍看之下有些斷斷續續的，但隱約勾勒出西周晚期世家豪門的內部情形。土地、傭僕眾多所產生的困擾，如何影響一個年輕的宗族宗主？而他又如何依靠身邊有經驗的長輩協助，順利解決這個上一代延續下來的問題？在這個簡短故事裡，西周貴族不再是遙遠而模糊的存在，反倒是和我們一樣，總是過著為各種事務煩惱，不斷和他人溝通的尋常生活。若從這點看來，我們似乎也能稍稍理解召伯虎在六年琱生簋所呈現的快樂模樣吧！

## 普天之下，莫非王土？

琱生三器的出土，向後人展示了西周貴族世家如何協調土地分配、轉讓的過程。我們過去經常讀到「普天之下，莫非王土。率土之濱，莫非王臣」，總讓大家以為西周土地就是由周天子分封賞賜給諸侯，再由諸侯賞給大夫，大夫賞給士，如此階層明瞭有序地傳遞下去，可是若從琱生三器銘文來看似乎完全不是這麼一回事。召氏家族作為召公奭（音同試）一支的後代，身分相當特別。但如此豪門世家卻為了土地之事鬧到彼此告來告去，然後才根據君氏的遺命交由召伯虎以及琱生處理，簡直和現今社會上的有錢人為了家產對簿公堂沒有兩樣。

不過有趣的是，這段故事可以讓我們更清楚看到西周的宗法制度。儘管召伯虎年紀很輕，但因他的嫡長身分，擁有家族經濟的主管權，並可以支配整個宗族的財產。族人琱生雖輩分較高、年歲較大，也擁有一部分的獨立經濟，但在土地協調過程中仍須服從宗主對整個宗族財產的支配策略。就算從其他青銅器銘文中，我們知道琱生的真正身分，其實是高貴的西周王廷之「宰」（大約是周王的管家），但是當君氏提出希望交由琱生管理宗族財產之事時，身為小宗之琱生也只能服從君氏命令，接受協助管理的任務，充分顯示出大宗具有支配全族財產的權力，以及小宗族人須服從宗主的義務。

尤其在〈六年琱生簋〉銘文中，更是清楚表現了這種內部的階層關係。雖然君氏是命令琱生負責處理宗族的財產官司，但實際著手處理的人其實是召伯虎，所以宣告好消息的人自然也是他。這表示在西周宗法制度下，宗主不論多麼年輕、沒經驗，仍舊主導了宗族財產的管理與支配權，琱生就算已經答應管理宗族內五分之二的土田財產，但無論是實際出面平定擾亂或是封疆定界的代表，仍須由召伯虎擔綱。

從另外一個面向來說，西周興訟其實是相當麻煩的，宗族內部如果為了家產開始告來告去，不僅讓親戚間的感情破裂，還有可能花掉很多的錢，付出很大的代價，所以君氏死前念念不忘的「勿使散亡」，就是希望召氏的祖產不要因為這種原因，弄到最後家產全失，樹倒猢猻散。與其讓宗族走上這毀滅的一步，不如選擇把有爭議的財產丟給第三人管理，通過分配管理權的方式，讓大宗小宗合作解決糾紛，展現宗族強大的感情力量。

**參考資料**

黃庭頎，〈琱生三器銘文補釋及相關問題研究〉，《淡江中文學報》二〇一三年第二十八期。

裘錫圭，〈從幾件周代銅器銘文看宗法制度下的所有制〉，《裘錫圭學術文集》，上海：復旦大學出版社，二〇一二年。

11

# 尊爵、不凡，唯有公侯伯子男

## 解密五等爵制度

俗話說：江湖在走，名號要有。明明是宅男，卻要說是自宅警備員；明明是一人組織，卻可以稱自己是會長、主席、總幹事，讓人嚇到吃手手。更不用說古代，一聲本侯，霸氣外露，聞者無不屁滾尿流。比如大家耳熟能詳的高中國文課文「燭之武退秦師」，由原本「晉侯秦伯圍鄭」六字，被《左傳》寫成一篇超強嘴砲故事。當中晉侯是晉文公，秦伯是秦穆公，他們到底是侯？是伯？還是公？還有公侯伯子男，是階級分明？還是可以自創混搭風？這些稱號的故事頗長，讓小邦周來話說從頭。

## 你才斥候，你全家都斥候——「侯」、「男」

在甲骨文上，就已經有「侯」，多數寫作左邊這個樣子：

這個字有些時候會左右反過來寫，也有上下反過來寫的。那時候沒有教育部，也沒有什麼統一字形表，大家寫字都有點隨興。關於這個字形，多數人認為是像箭靶，也有學者認為是像藏在山崖下的武裝軍隊。

前文這個弓矢隱於山崖的圖像，與後世的「斥候」，有相近之處，而恰好「侯」跟「候」，即使到了漢代，仍然是通用的。後來為了將「諸侯」從「斥候」、「等候」中區別出來，才徹底分流成兩種字形。《尚書》的〈禹貢〉篇，其注解也說：「侯，候也，斥候而服事。」《逸周書》的注解也說：「侯，為王斥候也。」「侯」是一種偵察、瞭望的單位，包含守望者、守望的哨站，也因為處在一個地方眺望觀察，久處一地，也有等候之意。也就是說，封「侯」也不是什麼多高級的事，就是去外地當個偵察兵而已。

軍隊派出去的斥候也許就一、兩個人而已，不過一個王國要派出斥候，想必不會是單兵作戰。往往一個人是斥候，全家都是斥候，還很開心的吃著火鍋唱著歌的上任去了。

斥候在邊境偵查敵情，是冒著生命危險的工作，沒有戰鬥力是不可能的，因此「侯」也得具備一定的武裝力量。本來是商王派出的斥候團，落地生根多年，轉化為世襲罔替的，相當於我們現在所理解的「諸侯」。

商王將「侯」派駐外地後，除了防衛外，也要收集當地資源，不然派出去只是在白消耗人力而已。因此商王也會派出「田」、「牧」兩種職官（當然也包含其族人）到「侯」的防衛區內墾田、放牧。「田」，在商代是被大量配置到外地的「糧草徵收員」，在指定地區開墾荒地，並支應中央政府對物資的種種需求。由於農業活動必須長期住在當地，「田」也有部分的武裝力量，因此在商代，「田」也有近乎後世所說「諸侯」那樣的地位。在商代晚期的甲骨文也顯示出，商王出征還會叫上幾個「田」來助陣。

大家不要覺得這個「田」很新奇，其實古書裡已經有它的記載，《尚書・酒誥》：「越在外服，侯、甸、男、衛、邦伯。」意思是在外地的分公司有「侯」、「甸」、「男」、「衛」、「邦伯」幾種職位類型。這個「甸」，就是甲骨文中的「田」。因為只寫個「田」，不容易分清楚說的是耕種的「田」，還是諸侯的「田」，因此在田旁邊加了一個人字邊，表示是「諸侯」的那種「田」。寫作下面這個字形：

人字在右，寫久了手越來越長就把田給包進去了，變成現在所見的「甸」字。「甸」在商代有著近似諸侯的地位，到了周代，這個職位就消失了。在《左傳》中，晉國還被稱為「甸侯」，原文的意思是晉國本來只是弱弱的給周王種田繳賦稅的諸侯，今天忽然變成了大國，本質上是小咖，哪裡能長長久久呢？在這裡的甸，用的是種田之人的本義，引申為小角色之類的意思。

那麼《尚書．酒誥》提到的「男」呢？後世所謂的「男」爵，很可能就是甲骨文中的「任」，這兩個字古音相近，也有一些古書注解以及證據顯示「男」、「任」有通用的情況。然而「任」的性質比較難有線索，依著現有證據猜測，很可能是「侯」所派出的事務官，「任」其事者——專門處理一些交辦事務，所以稱「任」。由於「侯」要處理邊防之事，對於王朝中央的徵求需索，得有人專門來處理，因此「侯」之下又封出了「任」（男）。

同樣的，當中戰鬥力量較強者，也就能成為後世所認知的那種「諸侯」。《左傳》中也有霸主召集諸侯開會，諸侯要帶著下屬的「子」跟「男」來喝咖啡、聊是非。

「侯」跟「男」原本是一種「工作職稱」——「斥候」與「任事者」，因著工作上的需求，發展出自己的武力，而成為近似國中之國的封建諸侯，之後也就變成了一種諸侯名稱。由於「封你當斥候」這件事很光榮，象徵著王的信任，因此多半受封過「侯」的諸侯國君，在鑄造青銅器時，幾乎都用「侯」作為自己的職稱，這可能是炫耀自己是天子欽定的管區吧。

## 吾乃馬拉松之子巴拉松——「子」

那麼「公」、「伯」和「子」呢？這些本來不是職銜，是一種對特定身分的人的稱呼。眾所周知的古人排行用字：「伯仲叔季」，伯本來指的是長子，古時以嫡長子為預定繼承人，因此也是族長的稱呼。這是相對於其他支族來說的，長子即位，他就是一幫幼弟的族長啦。同樣的，「子」本來是小孩的意思，族長也是前一任族長的小孩，因此轉化為對族長的稱呼。

「子」在甲骨文中多半是作為族長或是王子的稱呼，一群族長或是一群王子就被稱為「多子」，加上他們自己的族人，就稱為「多子族」。這些親衛隊養尊處優，裝備精良，閒著沒事不是打獵就是打仗，又與國王有血緣關係，是商王朝的精銳部隊。而這些「子」族長，也是商王統治圈圈裡的重要成員。

商王國滅亡後，稱族長為「子」的習慣漸漸被周人的文化取代，只剩下幾個靠近東夷或原屬東夷的君長還自稱為「子」，像《左傳》中莒國之君稱莒子，郲國之君稱郲子，萊國之君稱萊子等等。後來「子」就虛化成為一種尊稱，像時事評論家孔子或愛辯論又不承認的孟子，就從君主、族長、老大這類的意思變成一種泛用的尊稱。

## 叫我老大——「伯」

與「子」相對的是「伯」，商人稱別國的國君或是附庸國的首領為伯。甲骨文中，盂國的國君稱盂方伯，人方的國君稱人方灉伯（灉，音同庸）。有些附庸的「伯」，也會接受商王的徵召，跟隨商的軍隊討伐別的國家。比較倒楣的敵國國君，被抓到後，會被殘忍的獻祭。甲骨文有「執三邦伯于父丁」，意思就是拿三個抓到的敵酋獻祭給先王。

「伯」這個稱號有兩種意義，一種是排行的老大，一種是氏族中的老大，對古人來說好像有那麼點差別，又好像差別不大，總之只要是老大哥就可以稱「伯」。到了春秋時，諸侯的老大也可以稱伯，後世把「伯」換成同音的「霸」字，於是春秋「五伯」就成了「五霸」了。

在西周銅器上，可以看到兩種「伯」的稱謂，一種是「伯某」，一種是「某伯」，前者是排行，就像子路的字是「仲」由一樣；後者則是稱呼這個人是族長。在一件名叫「五祀衛鼎」的銅器上，便曾記載當時貴族之間有了糾紛，鬧上了宮廷，幾個大咖的貴族一齊出來開個會，裁斷事情。這些大咖貴族的稱號是「燊伯」、「定伯」、「邢伯」、「單伯」、「伯邑父」、「伯俗父」，前四者分別是燊氏、定氏、邢氏、單氏家族的老大，後兩者則是用他們的「字」來稱呼，「伯」在這裡就是排行的意思了。

這類的「伯」，並不像「侯」一樣具體的承擔著戍衛邊疆的責任，因此只要是族長，大部分都可以自稱為伯。在某些銅器上可以見到從伯變侯的過程：「唐伯侯于晉」（唐伯升任晉侯），從此晉國就從原本的唐伯，升級為晉侯了。

隨著職務的變換，名片上的職銜也會隨之改變，這樣的例子還可以在應國的銅器上看到。應國國君做的青銅器，職銜有好幾種款式：「應監」、「應侯」、「應公」、「應伯」，前兩者是具體的職銜，可能應國本來是設置監視「應」這個區域的監察大員，後來增強了武裝力量，才成為諸侯。其中一代應侯曾經鑄造過一個青銅器，記錄了他的祖先「皇祖應侯」、「皇考武侯」、「烈考武侯」，可以知道這位應侯的父親謚號是「武」，從祖父一代已經榮登諸侯之位了。

## 聽說尊諱是……郱「公」？

至於「應公」，就要從「公」這個稱呼開始說起。在甲骨文中，父親稱父，祖父稱祖，那麼高祖以上的稱呼呢？

曾經有段時間流行親屬稱謂表，一路追殺到曾祖以上，炫耀自己博學，不過對商人來說，祖父輩以上都沒什麼差別。除了個人稱號像「大甲」、「小甲」（這兩人是祖孫關係）、

「大丁」、「中丁」、「羌甲」、「南庚」外，可以發現在武丁王時稱為祖的先王，到了後代被稱為「公」，也就是說，「公」在甲骨文用來稱呼死去的祖輩以上先祖。

到了西周，可以發現有活人也稱為公，如前面談的「應公」，同樣的狀況也發生在晉國上，晉國國君在打上自己職銜時，往往都用「侯」，不過也有自稱「晉公」的。這類稱公的，經過歸納後可以發現，多半是身居西周政府高位者，像周公、召公、畢公、益公、井公、毛公等，在銘文中表現出來的地位都較高，要不是執政，就是可以裁決貴族事務的大咖貴族。這是活著的時候使用的狀況，至於死了之後，由子孫追尊在銘文上的，就比較隨意了，人死為大嘛！金文中有「甲公」、「乙公」、「丁公」、「辛公」（以上均為天干作為謚號）、「釐公」（一種謚號）、「南公」（南宮氏簡稱為南）。

公與伯較明顯的差異點是，在世就被稱公的，其地位都比較高；伯反而像是路邊掉下個招牌都能砸中的族長代稱而已。

除了身居高位者外，也有一些跟西周統治集團較疏遠的國家自稱公的，像「宋公」、「鄁公」、「鄀公」、「鄧公」、「秦公」，以上歸納出來這些國君從不自稱「侯」，因為從歷史上看，他們都不是從西周總公司分出去的封國。

# 結語

所以，到底是秦伯還是秦穆公？是晉侯還是晉文公？簡單地說，《左傳》與《春秋》是帶著儒家的價值觀去區分公、侯、伯、子、男五等第，但考察實際上使用的情況，這樣的階級區分並不明確。像齊國國君多自稱侯，臺北故宮收藏的國差罎，就記載國差稱呼齊國國君為「侯氏」，洹子孟姜壺也稱齊國國君為「齊侯」。又如晉國，在山西的晉國墓地出土的晉侯銅器，也多數自稱晉侯。

只看出土的器物的話，侯跟男兩種稱呼，詞彙本身帶著工作性質——警備員與業務員，又因為是天子欽定的警備員，保衛王室的第一線，因此被當作光榮的象徵，當然要拿出來説説嘴，臭屁一下。至於公、伯、子一開始就是不帶工作性質的尊稱，在西周時只有國家高階管理層與自家長輩死後才可以稱公，對族長，後來就各種隨意了。至於伯、子，都是族長的稱呼，由於家族繁衍分支，家長多到有點浮濫了，也就成為一種泛用的尊稱。

## 參考資料


陳槃，〈「侯」與「射侯」〉，中央研究院歷史語言研究所集刊二十二本，一九五〇年。

勞榦，〈「侯」與「射侯」後記〉，中央研究院歷史語言研究所集刊二十二本，一九五〇年。

裘錫圭，〈甲骨卜辭中所見的「田」、「牧」、「衛」等職官的研究：兼論侯、甸、男、衛等幾種諸侯的起源〉，《古代文史研究新探》，江蘇：古籍出版社，一九九二年。

李峰，〈論「五等爵」稱的起源〉，《古文字與古代史（第三輯）》，臺北：中央研究院歷史語言研究所，二〇一二年。

王世民，〈西周春秋金文中的諸侯爵稱〉，《考古學史與商周銅器研究》，北京：社會科學文獻出版社，二〇一七年。

王世民，〈西周春秋金文所見諸侯爵稱的再檢討〉，《考古學史與商周銅器研究》，北京：社會科學文獻出版社，二〇一七年。

劉源，〈「五等爵」與殷周貴族政治體系〉，《歷史研究》二〇一四年第一期。

韓巍，〈新出金文與西周諸侯稱謂的再認識——以首陽齋藏器為中心的考察〉，「中國古代銅器：最近發現、最近發展」國際研討會，二〇一〇年十月。

12

# 護尊嚴、討公道

## 西周貴族的糾紛調解

古語云：「訟則終凶」，告誡我們不要輕易興訟，否則不會有好下場。

聽起來古人好像不愛興訟，真的嗎？

俗話說有人的地方就有江湖，有江湖就有恩怨。即使是「郁郁乎文哉」的周朝，貴族之間雖不見得上演什麼《冰與火之歌》的鬥爭，但小打小鬧的糾紛確實存在。學者依據青銅器銘文，認為這類貴族為了土地糾紛而告來告去的事件可能很常發生。其中較為人知者，就是因為土地產權分割不清，彼此偷米偷菜而產生的糾紛。由於西周當時沒有地政學也沒土地測量員，大家往往是在田梗上種樹作為標示，因此貴族之間的產業常常有劃分不清楚的狀況。古文字的「封」就表現出「封疆」——以植樹來劃定疆界的意思。

**「封」：右邊的手將左上的樹，種在左下的土上，表示疆界。**

偷菜雖是件小事，貴族也往往會使出次元切割刀，把過錯都推給犯事的下屬，說自己管教無方就能了事。但事情未必總能大事化小，小事化無。一旦鬧大了，在一個沒有成文法，也沒有法官制度的王國裡，被偷東西該怎麼找回公道呢？就讓我們從一件青銅器銘文記載的故事說起。

## 清儉自持非窮酸

這件事的事主是位名「曶」（音同呼）的貴族，我們對於「曶」的了解，來自於他所做的一件青銅器「曶鼎」。

一般來說，西周貴族獲獎受勳，常常是一件事發生了，就鑄造一件器來紀念，大抵與今日比賽獎盃性質接近。「曶鼎」卻是個例外，這件器銘文很長，其實是把三件不同時間發生的不同事情，通通鑄在一個鼎內，可見他有多節儉。

「曶鼎」的第一段銘文，是記錄他接任父祖世襲的「司卜」職位，說白話點，就是王家算命師。「司卜」這官職看起來很崇高，然細細思來，似乎沒有實權。司馬遷曾經這麼說：「文史星曆，近乎卜祝之間，主上以倡優畜之。」意思是：「我們這種皇家史官、天文學家與算命師、師公對君主來說是差不多的，都只是給人家當搞笑藝人豢養的。」

儘管在商代能通靈算命是高貴的工作，但到了周代似乎已無法介入政策擬定與政務運作了。在一些銅器銘文中可以看到，從西周早期就已經將處理政務的「卿事寮」與負責書記算命的「太史寮」切割開來。西周中晚期還有些掛名為「史」的貴族領兵出征，然其或許只是掛個先祖職銜而已，是否真的是文史工作者，還很難說。回到曶這個人身上來，或許我們可以想像他是一個較為清貧的文史工作者。

曶鼎上記載三段事，第一段如上述，與本案無關，是器主的升官榮譽榜，第二段與第三段才是打官司的勝訴紀錄。由於第二段銘文內容頗多疑問，到底是誰告了誰，誰買了東西又不付錢，目前學界對此還沒有確定的說詞，因此這次只能先介紹稍微能看得懂的第三段銘文。

## 賴皮小弟自作孽

**※請注意，以下翻譯有些許潤色修飾之處，未必盡合原始樣貌※**

在之前國家鬧饑荒的時候，「曶」家裡的田地被人給偷拔菜了。苦主「曶」來到案發現場清點損失，並發現凶手就是貴族「匡」他家的二十個家丁，總共被偷走了十秭（音同子）那麼多的糧食。這讓「曶」不開心，大家都餓了很久的肚子，還被別人偷菜。這還不給他告下去？連著那些作案的家丁通通要告！於是「曶」一狀告進了官府——東宮。（這個東宮不是指太子爺，是西周的某一官署名稱。）

在「曶」按完申告鈴，陳述案情後，東宮眉頭一皺，覺得事情……很單純，便派人傳話給「匡」，叫他把犯案的家丁找來執行公平且寬大的處罰，沒帶來就換他被公平且寬大地處罰喔！

「匡」小弟（因為他叫匡季，應是家中老么）知道後，竟沒有照著東宮的話做，反而跑去「曶」家想要尋求和解。只見他連忙「個撲通下跪，叩頭謝罪說：

「哭哭，我錯了，請原諒我年幼無知，我願意送你五塊田地與一個叫阿「嗌」（音同益）的自由民，還有三個叫「𧴪」（音同替）、「朏」（音同匪）、「奠」的奴隸也一起賠給你，您大人不計小人過，不要跟我們這些細漢的計較，拜託拜託……」

「咚」，接著又是重重的叩頭聲，「匡」小弟又說：「人家真的真的沒辦法交出搶糧的人跟糧食啦！如果我有說謊，你就把我吊起來打！」

「曶」見到這麼耍賴的人，心中那股無名火又升起來，想著現在給我人跟田，這種饑荒年是能種出什麼碗糕來，根本在唬弄我。大家都是體面人，真的吊起來打像話嗎？於是「曶」揪著「匡」小弟又殺向了東宮那邊去，要東宮執行處罰。

到了東宮那裡，「曶」開口便說：「匡這傢伙死活不肯把搶來的糧還我，不管他賠我多少人跟田，我就要我的那些——糧！食！還來！還來！還來！」

東宮最後判決：「『匡』要歸還搶來的十秭糧食，並且要多賠十秭，總共是二十秭，最晚繳交期限是今年底，一點都不能少，否則就要加倍罰，總共四十秭！」

「匡」小弟鬧了這一齣，最後竟是要多賠給「曶」兩塊田地、一個奴隸，總計賠了七塊田、五個人還有三十秭的糧食，真的是「偷菜一時爽，被告輸光光」。

等等……為什麼最後是三十秭，想騙人數學不好嗎？明明要歸還贓物十秭，罰十秭，「匡」小弟只要賠二十秭就好啦？

依據銘文上文推測，「匡」小弟可能很不幸無法如期繳出這二十秭糧食，只好乖乖的被罰雙倍！所以銘文最後「曶」記錄拿到的「三十秭」是多賠的，十秭則是早就該歸還的贓物。噢，還有一開始就說好要送給「曶」的那些人與田地，實在太得不償失了。

## 興訟告官要人幫

咦？你真的相信這一切是公平且寬大的處罰嗎？

根據第一段與第三段銘文的研究，「曶」這個人似乎屬於某一有力派系，他任父祖舊職時，提拔他的人是一個叫「井叔」的大貴族。這個人與他的家族可不得了，從周穆王時代，井氏家族就開始崛起，從一個叫「䫊」的人當上大司馬為首，一直到西周中晚期這個家族才因某些未知因素而消亡，無法像召氏、周公、單氏等家族一樣延續到春秋時代。

井叔不僅是「曶」的「右者」（儀式上的接見人，與被提拔者有一定的關係），也是許多西周中期貴族的「右者」，很可能這些人都是他的派系。

在「曶鼎」的第一段銘文中，周王只發了一紙證書，送了一套與其地位相應的車馬和袍服，並沒有賞賜金錢。是井叔送他一些好的金（西周稱銅為金），他才有能力鑄造銅器。「曶」除了感念周天子給他官做，也在銘文中特別給井叔誌謝。

而在曶鼎難解的第三段銘文中，「曶」被捲入一場買賣官司，由井叔給他「主持公道」，事件結束後當然是「曶」占了上風。有井叔罩著，背景很硬，於是敗訴的苦主還得用酒、肉與五把箭矢賠罪。

也許「曶」在這場官司中確實是站在了一個被害者的位置上，可是勝訴者的主觀片面紀錄，似乎不能全部如實看待，畢竟「匡」賠了糧食，也賠了田地跟奴隸，好像有那麼點違反比例原則。而從「曶」與井叔的關係來看，這場官司能打得如此順風順水，說不定隱藏一些玄機呢！

西周雖然沒有成文法，但不代表受了委屈就一定要吞下去，只要是個有身分地位的貴族，都可以在公親的見證下調解事情。在另一件青銅器訓匜裡，就述說了一名貴族被底下的人告發，反過來控告這個告他的下等人。經由上層貴族的決議，下等人不能以下犯上，遭到了鞭打與罰金的懲罰。又如臺北故宮珍藏的散氏盤，講的就是散氏與夨（音同仄）氏發生田地糾紛，最後雙方重新議定邊界的故事。由於沒有成文法，往往尋求有權威的大貴族仲裁，難免可能有像曶與井叔這樣「暗通款曲」的事情發生。

有關係就沒關係，沒關係就有關係，這類事情相信讀者也不會感到意外吧！

## 參考資料


郭沫若，《兩周金文辭大系》，日本文求堂書店影印手稿出版，一九三二年。

陳夢家，《西周銅器斷代》，北京：中華書局，二〇〇四年。

劉翔等著，《商周古文字讀本》，北京：語文出版社，二〇〇七年。

李學勤，《青銅器與古代史》，臺北：聯經出版，二〇〇五年。

周鳳五先生，〈曶鼎銘文新釋〉，《故宮學術季刊》三十三卷二期，二〇一五年。

下編

# 商周邦國群像

# 13

# 穿梭陰陽宅

## 古代中國的墓葬與城址

日文中有一個詞「衣食住（いしょくじゅう）」，指人的基本需求。大家應該也都同意「食衣住行」這四個項目是生活中最重要的四件事，而且不分古今中外都是如此。既然是這樣，那麼古代人住在什麼樣的地方呢？

說起「住宅」，大家想到的多半是活人住的「陽宅」，但我們現在能看到的古人「住宅」，主要是他們的「陰宅」——人死之後所居住的地方，也就是「墓葬」。

就像現代臺灣有土葬、火葬、樹葬等等不同的埋葬方法，古代的東亞大陸上可能也曾經有過多元的墓葬形式。目前能夠被考古學家找到的，大多數都是將死者埋入地下、類似現代土葬的埋葬方式。這些墓葬與土地有密切的關係，因此當地氣候與地質環境的差異也就造成了墓葬形式的不同。

## 豎穴土坑墓

在商周時期的主要歷史舞台——中原地區，「豎穴土坑墓」是數量最多的墓葬形式。顧名思義，它的基本形式是一個從地表直直往下挖的深坑。它們主要分布在黃河流域、長江中游等地區，這些地方的土壤比較細密，經過夯打之後就能保持土壁穩固、不易崩塌，也因此可以建造出有如地下金字塔一樣的巨大墓葬。

儘管通稱為「豎穴土坑墓」，但在這個類別之下還是有非常多樣的形態，它們的大小與內部結構都隨著墓主人地位、性別等社會身分而有所不同。

從大小而言，小型的墓葬可能只有一個箱子一樣的空間；相反的，商代晚期的商王大墓擁有近百坪的底面積與近三層樓高的深度，墓室的四壁都加上階梯型的墓道讓人可以從地表一步步走到墓底，墓底的角落還有陪葬的士兵和犬隻守護墓主人在死後世界的安全。在視覺上，像商王大墓這樣的大型墓葬，會讓它的觀眾感受到威嚴甚至是壓迫感，而墓主人的後代子孫與臣民大概也會因此永遠對逝去的統治者心懷敬畏。要做出這樣讓人印象深刻的視覺衝擊，勢必須投入極大量的人力與物力。小型的墓葬也許只需要一到兩個人就可以挖築完成，但是像商王大墓，甚至是秦始皇陵這樣的規模，就需要更多的勞動力與更長的工時。要驅動這麼大量的人力與物力，當然需要極大的權力與社會地位，因此墓葬的規模不僅在視覺上展示了墓主人的權力，在成本上也映現出墓主人和其家人的社會地位。

在豎穴土坑墓內，往往還有其他的木造或夯土，像是棺木、槨室、腰坑等等，這些構造有些可能代表著墓主人的身分地位，有些則可能隱藏著所屬族群的習慣，還有些甚至是個人或家族的偏好。即使是一座已經被盜掘一空的墓葬，這些方面的資訊還是非常豐富的。

槨室是一個由木板搭蓋而成的「房間」，裡面用來放置棺木和隨葬品，可以想像成把棺木和隨葬品放在一個正方形的海運貨櫃裡。商代和西周的槨室就是一個單純的巨大箱子，到了戰國時期，出現槨室被分隔成四個房間的案例。每個房間之間都有小小的門洞相連接，而且每個房間裡所放置的器物不同，顯示當時的人們對於死後世界開始有了不同的概念與想像。這樣的做法在漢代的諸侯土墓中更為常見，如下頁圖13-1所示，槨室內用隔板分成了以棺木為中心的三層空間，由外而內分別是外槨室及過道、內槨室、棺室，隨葬品也是分門別類放置的：從馬車、樂器、餐具、衣物到收藏品跟銅錢，這些諸侯王的死後生活顯然跟他們生前一樣豪華而且多彩多姿。

腰坑通常是從墓底中央再向下挖掘的一個小坑，往往位於墓主的腰部。如果有槨室的話，腰坑就會被槨室壓住。腰坑多半出現在商人的墓葬中，而且常在腰坑裡放入一隻狗作為陪葬，也有陪葬人出現在腰坑裡的例子。

在完成了腰坑、槨室的搭造、棺木與隨葬品的擺設、並且加上槨蓋板之後，墓葬的建造就進入尾聲。這時，首要的工作當然是把墓坑填起來。填土並

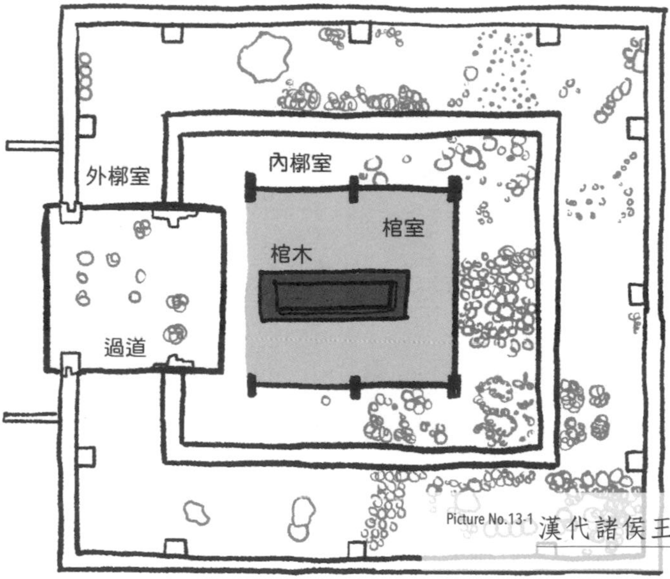

Picture No.13-1 漢代諸侯王墓示意圖

不是簡單地把挖出來的土倒回去就好，有些墓葬在填土的時候，會經過「夯打」的程序，也就是在填入一定分量的土之後，用木杵搥打填土，讓原本鬆散的填土變得紮實緊密後再填入下一層的土、再夯打、再填土、再夯打……如此不斷重覆。因為夯土的結構比一般的泥土更為結實，所以能保護逝者。到了東周，保護逝者的措施又有了進一步的發展。有些墓葬在蓋上槨蓋板之後，會先用鵝卵石把槨室周圍和上方封住，鋪好這一層鵝卵石之後才開始填土。這個時候的人們也開始考慮到維持墓室內部的環境，有些墓葬會在槨室外面填入木炭或是質地較細緻的泥土，甚至一層一層的填入不同性質的填土。木炭被認為可以排除溼氣，讓木製的槨室與槨室內部的東西比較不容易腐化。而質地細緻的「白膏泥」或「青膏泥」則可以妥善的密封槨室，隔絕內外讓槨室內部的環境維持兩千年如一日的恆定。

雖然完成了填土，築墓的工程卻還不算結束。有些會在把墓坑填平之後，在墓葬上方建造屋舍。可惜目前我們還沒有太多資料可以深入了解這些房舍的樣貌。有些戰國時期以後的墓葬會在填滿墓坑後繼續堆築一個小丘一樣的「封土」。封土有大有小，在臺灣，一般土葬的封土規模都不是太大，但是青銅時代貴族墓葬的封土有時可以大得跟一座真的山丘一樣，人們可以「爬上山丘」遠眺，甚至需要經過研究與探勘才能確定這個「山丘」的真面目。封土頂端也可能會搭建祭祀用的建築。

如果把墓葬視為墓主人的地下豪宅，那麼車庫的出現好像也就讓人沒有那麼意外了。

在西周中期以後，等級較高的貴族墓葬陸續出現「車馬坑」——一個獨立的土坑裡埋著為數眾多的馬匹與馬車。有些馬車是戰車，有些馬車則是貴族出遊時搭乘的。馬車或馬車零件的陪葬可以追溯到西周早期，但將馬車與馬匹獨立成一個坑、設置在主墓附近的做法，卻是西周中期以後才漸漸興盛的。在春秋戰國時期，車馬坑仍然是貴族墓葬中重要的設施，而且規模似乎還有越來越大的趨勢。在戰國早期，位在河北的中山王墓，主墓之外還有兩座車馬坑以及一個葬船坑。這樣的設計，也許正是秦始皇陵與兵馬俑坑的先聲——一直到今天，考古學家都還沒有真正發掘秦始皇的陵寢。聞名世界的兵馬俑，以及近年新發現的雜技俑、青銅鶴與青銅天鵝、青銅的馬車模型等等，都是來自於這些獨立於主墓之外的「器物坑」。

## 因地制宜的墓葬形制

採用豎穴土坑墓的先決條件是：當地的土質必須能支撐幾乎垂直的墓壁不會崩塌。在沒有這類地質條件的區域，人們也就隨著自然環境發展出不同的墓葬形式。

在潮溼多水的長江下游地區，氣候與土壤顯然都很難發展豎穴土坑式的墓葬。這個地區的墓葬被稱為「土墩墓」，它們最大的特徵是人們不挖很深的墓坑，有些甚至沒有墓坑，而是把地面修砌平整或是在地面上用石頭鋪設出一個台面之後，就把隨葬品與逝者擺放其上，再一層層地覆上沙土，堆成封土。在這一類的墓葬裡，有些是直接把死者和隨葬品放在地面上，有些則會先找到一個舊的大土墩或是直接用大量人工堆成一個新的大土墩，然後從土墩的頂端往下挖出淺淺的墓坑。有些大土墩會由多個墓葬一起使用，也有一個墓葬就擁有整個土墩的。

在東北地區，當地的人們使用石材作為墓葬的建材。雖然同樣是使用石材建築，也常常是直接從地面開始搭蓋、也不使用棺木，但東北地區與江南地區的做法又截然不同。像是被稱為「支石墓」或「石棚」或「積石墓」的建築工法，完全採用石材建造，但既沒有豎穴深坑，也沒有封土；而是在地面上挖一個淺坑，接著豎立大小差不多的石板劃分內外，最後再疊上同樣是石質的蓋板，就完成墓葬的建築程序。有些支石墓還會在側面的石板外側堆積許多小石頭為石牆加固，牆內也還有鵝卵石鋪底。

即使是地質條件與中原地區類似的地方也有與豎穴土坑形式不同的埋葬方法。在甘肅、青海一帶流行的是「土洞墓」或「洞室墓」，它的關鍵字就在這個「洞」字。從剖面圖上看，洞室墓有點像是L型的豎穴土坑墓，在垂直地表的「豎穴」挖到夠深之後，再往旁邊挖出一個小小的「房間」，這個「洞室」就是墓主人最後的棲身之處。為了加強隱密性，有些人會用一段走道隔開洞室與豎穴，或是用木板、石板好好地把「房間」封起來。

以廣闊的東亞大陸與漫長的三千年時光來說，豎穴土坑墓、土墩、支石墓、洞室墓都只是冰山一角。年代在西元前一六五〇到一四五〇之間的新疆小河墓地，人們用木板排列成船型棺安放死者，並且樹立著代表和死者相反性別的木柱；而中國西南部的山區，則有把木棺懸吊在山崖上的傳統。在漢代以後，墓坑裡漸漸不再使用木板搭建槨室，而是改成使用墓磚或石板，也因此出現了描繪聖賢故事、神仙世界的畫像石與畫像磚。這些不同的發展，反映了不同時代、不同地區的人們為了兼顧因地制宜與保護死者而產生的巧思，可以說是時代與地區文化的縮影。

## 城市與城址

雖說墓葬是最容易找到的「住宅」，古人生前所居住的地方也還是有跡可尋的。城牆是尋找古人住所最直接的指標之一。城牆劃定了一座城市的範圍，只要找到了城牆，很有可能就能找到相應的那座城市。另一方面，城牆有防禦功能，出現城牆表示當地有重要的、需要保護的社群；建城需要投入的大量人力則暗示當時有能動員勞工的統治者。

早在新石器時代，東亞大陸上就已經出現由城牆與護城河圍起來的城池，例如位在長江中游地區的石家河遺址，擁有一座面積一平方公里的城。長江下游地區的良渚古城以及位在山西、屬於龍山文化的陶寺遺址也都有城牆圍繞著將近三平方公里的範圍，相當於整座松山機場的大小。比起唐代長安城、明清紫禁城，這些早期城池的規模當然是小巫見大巫，可是在沒有金屬工具的新石器時代，人們能用夯土城牆把松山機場或更大的面積圍起來，已經很厲害了。

早期城市的規模雖然比較小，但是它保護的是貴族居址、祭祀場地、手工業生產中心等等重要的設施，因此在選址、內部結構的設計上也不馬虎。會選擇在某一個地點築城常有不同的原因，像是確保對重要戰略位置與交通要道的占有、確保對特定自然資源的獲取管道等等，而且城址周圍最好有山丘提供屏障與木材的供應、又有河流提供城內所需的水源。有時候，一座城是以既有村落為基礎慢慢發展而成的。當人們在此定居的時候，他們也許並未從宏觀的角度考慮自己的落腳處，但是一個聚落能夠發展成為一個城市，必

Picture No.13-2 浙江杭州，良渚古城遺址

然有它獨特的條件與原因，而這些原因和戰略位置、經濟資源與交通要道常常也是密切相關的。

商周時期的城牆是由黃土夯打而成。首先將兩塊大木板直立起來，中間留出需要的寬度。接著把黃土倒到木板之間，由工人把泥土堆捶打緊實。同樣的做法在豎穴土坑墓的填土過程中也常見到。堆土與「夯打」不斷重覆，就能建起堅實的城牆，有些城牆甚至還能夠在經過三千年的風吹雨打後保留到今天。以前在國文課本裡讀到的「傅說舉於版築之間」，所謂的「版築」就是指夯土造牆。常常與城牆一起出現的另一樣重要工程是護城河或壕溝，這些河溝會與附近的自然河流相連，以獲得穩定的水源。有時，附近的小型河流甚至

Picture No. 13-3
河南安陽殷墟遺址中所見的人工夯打痕跡。

就會直接成為護城河的一部分。

至於城牆內的世界是什麼樣子的呢？很遺憾的，目前考古學家能夠找到的線索有限，我們還沒辦法完整地復原一座商代或周代的古城。不過，從幾座很可能是商王朝首都城市的考古發現加以歸納，城內會出現的建築和設施有道路、水井、宮殿、民居、手工業作坊等等。

如果在城內找到一塊稍為高出地面、經過夯打的黃土平台，並且在平台表面有規律分布的小洞，一般推測可能是柱子樹立的地方，這個夯土平台很可能就是宮殿或大型建築的遺跡。宮殿的位置不一定會蓋在城的正中央，也有幾種不同的形式。舉例來說，河南偃師商城（商代早期的都城）的宮殿區占地三．六公頃*，宮殿區內經過了兩次大規模的改擴建，前後共有十座宮殿，有些是長條型，有些是回字型，也有從長條型擴建成回字型的。回字型宮殿其實就是長條型宮殿在左右兩端延伸出迴廊把宮殿區域包圍起來的建築設計，類似現在臺灣鄉間還可以看到的三合院。宮殿區也常常可以發現水池，它除了是景觀的一部分，還有蓄水防火的功能，因此水池不能太小，否則一旦失火可能整個宮殿區範圍內的建築都會被燒毀。為了確保水池的水源供應，以及避免優養化，這個水池也需要連接水源，再次突顯出臨近河流對一座城的重要性。

相對於宮殿區的建築有夯土地基與木柱，平民則是以半穴居或是簡單的茅草屋為家。

一個單間占地大概只有一座宮殿的百分之五左右；半穴居更小，可能只有宮殿面積的百分之三。在偃師商城，一般的單間民居大概在六坪到九坪之間，有些半穴居的房子可能只有三坪左右。

手工業作坊是城牆內另一項容易辨識、也備受考古學家重視的遺跡。在商代的城市中，許多手工業作坊都留下了清楚的痕跡。它們通常會依照材質專業分工，分別負責製造陶器、青銅器、骨器、綠松石等不同材質的產品。陶器作坊可以是生產普通人使用的鍋碗瓢盆，也可能是王室御用的頂級陶器。青銅器、骨器和綠松石則大概都是製作貴族和商王的奢侈品：青銅器用來祭神祭祖；骨器、綠松石則多是貴族限定的奢華首飾，像是髮簪、墜子、耳環……。對作坊而言，水也是不可或缺的，像是清洗骨料、製陶、打磨石料等工作都需要水，所以挖水井、水溝或是直接把作坊蓋在河邊都是可以考慮的選項。

## 無城之城

城牆的存在讓考古學家得以順藤摸瓜找到一整座城，進而了解一座城的構造與規模。但也有些城址沒有城牆。位在洹水南岸的商代晚期國都——殷墟，似乎就是一個沒有城牆的無城之城。即便是接近權力中心的宮殿宗廟區也沒有夯土城牆。

雖然沒有城牆，殷墟仍然是一個活躍的城市，留下了形形色色的遺跡。

因為沒有城牆明確劃分範圍，加上一個城市在發展過程中會不斷向外延伸、擴張，究竟應該如何劃定殷墟的範圍也是讓考古學家頭痛的問題。如果從遺址與遺跡的分布與密集程度

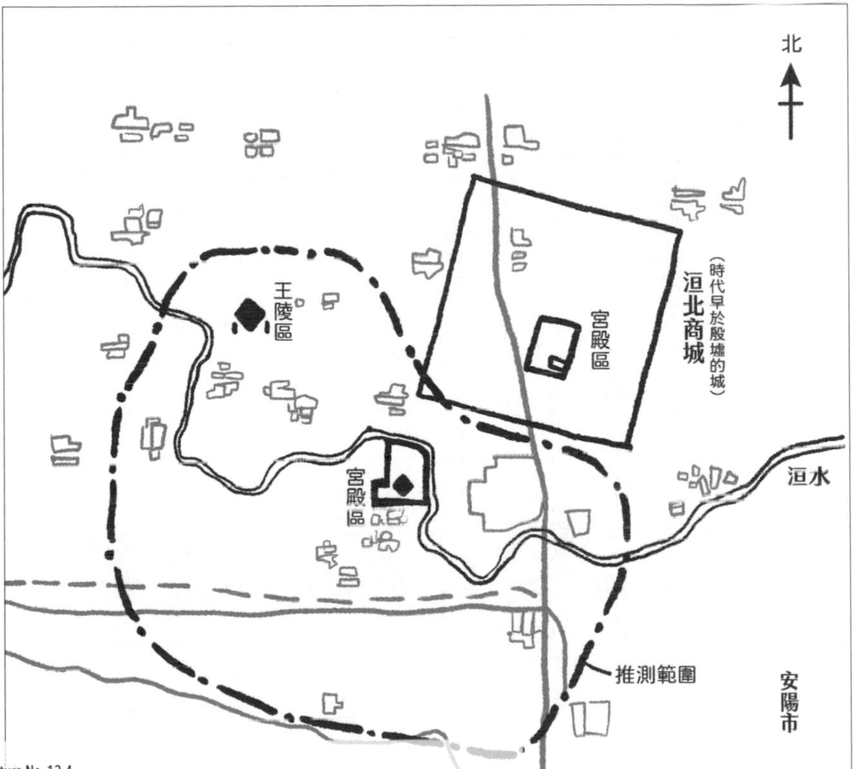


Picture No. 13-4

小屯村周圍實線的區域為宮室區，虛線是以殷墟建都之初的遺址推測的殷墟範圍。

來推測，它可能包含了將近三十平方公里的區域，這個範圍或許可以理解為商代的首都生活圈。

在考古學家的努力下，殷墟遺址的範圍內發現了數條跨過壕溝遺址的道路，其中一條是從南方通向殷墟宮殿宗廟區的主幹道，呈南北向，使用時間從殷墟建城到商代滅亡，寬約十公尺。在最初，道路兩側有排水溝，後來道路拓寬，就把水溝填平了，最寬的時候可達二十公尺，上面的車轍痕跡（車輛駛過後所留下的痕跡）非常多。除了這條大道外，還有另一條南北向的大道，同樣向北通向宮殿宗廟區，寬約十五到二十公尺，用鵝卵石、礫石、碎陶片跟碎骨頭鋪成。根據考古發現，在這些鋪路材料下還有一條泥土路，很早就開始被使用了，後來經營殷墟新首都又加以拓寬增修，並鋪上路面材料。

在殷墟發掘之初，考古學家就在小屯村東北區發現了五十三個夯土基址。考古學家們根據現場的遺存和環境，認為這裡就是商王平常生活起居的「宮殿區」，包含宴客廳、寢殿、宗廟等等。除了宮殿區，殷墟的範圍中還散布著許多作坊的遺跡，像是鑄銅作坊、製骨作坊等等。這些地方出土的遺物，像是製作銅器需要的陶範、大量初步處理過的牛骨與玉石等等，讓我們有機會一窺古代手工業的生產方式。有趣的是，隨著發掘與研究的持續進行，過去被認為是宴客廳的遺址中卻出土了玉器和骨器原料以及巨大的垃圾坑——原來為商王提供服務的各式作坊就在他們的生活空間中，不像現代都市有「工業區」和「住宅區」的差別。

殷墟也有蓄水池，還有經過設計、彼此相通的水溝。這些大大小小的水溝能幫助排水，保持首都的乾爽，並且彼此之間組成有序的水道網，顯然是經過仔細的規劃。宮殿區也有自己的排水道，而且為了避免水流長久侵蝕，有些溝底在坡度大的區域還鋪有碎石子。這條水道兩側都有發現一些夯土基址，應該是旁臨池苑的觀景用臺榭和宮殿。

殷墟的廣大範圍內也發現了各式各樣的居住遺址，其中以洹水南岸最多。它們有的是地穴式、半地穴式的房屋，也有從地面搭蓋的小型建築。在住宅區中還可以找到水井和倉庫。這些屋舍可能是貴族、工匠等不同人群所居住的地方。值得注意的是，這些居住區中也常混雜著墓葬，或是與墓葬區接壤。以現代的觀點，可能很難理解為什麼商代人可以跟死者當鄰居。那是因為商代以氏族作為社會基礎，宗廟宮殿區是商王族的族居處，而商王朝統治下的其他氏族則散布在宮殿區周圍，星羅棋布式的簇擁著王城。他們各自建立莊園、府邸，一層層的包圍著中央的王族宮殿，可以說是用人牆代替城牆。由於每個族邑（族邑是指氏族聚居之處，類似西方之莊園）裡都有住宅區、作坊與墓地，族人生前在自己的族邑裡工作，死後也就留在自己的族邑裡，守護著族人與土地。隨著族邑建築群的擴大，最後便形成了生者與死者交錯的城市樣貌。

和一般氏族陰陽宅交錯的生活空間相對照，與宮殿區遙遙相望的王陵區顯示出商王族高高在上的獨特地位。獨立的墓葬區中有十三座大墓，伴隨著上千個陪葬墓與祭祀坑。從平面圖上來看，這十三座大墓多數呈十字形或亞字形，擁有巨大的墓室與多條墓道。以西北崗一〇〇一號大墓為例，它有四條緩坡形式的墓道，槨室相應地呈現很有氣派的亞字形。墓坑深達一〇・五公尺，墓坑底部最長為十九・五公尺、最寬為十五・九公尺，底面積將近百坪，深度約達三層樓。雖然墓葬裡的陪葬品都已經被盜掘一空，但從規模來看，仍然可以相信這些墓葬大概都屬於商王或是最高等級的王室成員。

## 結語

作為「生活」的場域，一座城市的形成往往經過長期的累積或規劃，不管是人身安全的維護、環境的衛生、甚至是居民的安居樂業與物質上的享受，都是居民們重視的指標，也是一座城市發展所依據的原則。同樣的，墓葬的發展也是出自於人們對「生活」的重視，不管是希望死者安息或是從此不要來打擾，生者總是會把死者安頓妥當，以求生者與死者的生活都能獲得安穩。不管是一座墓還是一座城市，都反映了當時人們對於「更好的生活」的想像與追求，認識墓葬與古城的設計也就成為我們認識古代人與古代社會的最佳窗口。

## 註釋

*北牆二〇〇公尺，東牆一八〇公尺概算。

## 參考資料

何毓靈、唐際根、岳占偉、牛世山，〈河南安陽市殷墟劉家莊北地二〇一〇～二〇一一年發掘簡報〉，《考古》二〇一二年第十二期。

楊錫璋、高煒主編，《中國考古學‧夏商卷》，北京：中國社會科學出版社，二〇〇三）。

劉軍社、王占奎等，〈陝西省寶雞市石鼓山西周墓〉，《考古與文物》二〇一三年第一期。

湖北省博物館編，《曾侯乙墓》，北京：文物出版社，一九八九年。

單先進、熊傳新，〈長沙象鼻嘴一號西漢墓〉，《考古學報》一九八一年第一期。

謝端琚，〈試論我國早期土洞墓〉，《考古》一九八七年第十二期。

魏懷珩，〈蘭州土谷台半山—馬廠文化墓地〉，《考古學報》一九八三年第二期。

殷滌非，〈安徽屯溪西周墓葬發掘報告〉，《考古學報》一九五九年第四期。

劉俊勇、戴廷德，〈遼寧新金縣王屯石棺墓〉，《北方文物》一九八八年第二期。

李新全、樊聖英、梁志龍，〈遼寧桓仁縣馮家堡子積石墓群的發掘〉，《考古》二〇一六年第九期。

伊弟利斯、李文瑛、胡興軍，〈新疆羅布泊小河墓地二〇〇三年發掘簡報〉，《文物》二〇〇七年第十期。

中國社會科學院考古研究所編著，《中國考古學‧夏商卷》，北京：中國社會科學出版社，二〇〇三年。

何毓靈、岳洪彬，〈洹北商城十年之回顧〉，《中國國家博物館館刊》二〇一一年十二期。

杜金鵬，《偃師商城初探》，北京：中國社會科學出版社，二〇〇三年。

許宏，《最早的中國》，北京：科學出版社，二〇〇九年。

岳洪彬、何毓靈、岳占偉，〈殷墟都邑布局研究中的幾個問題〉，《三代考古（四）》，北京：科學出版社，二〇一一年。

楊寶成，《殷墟文化研究》，湖南：武漢大學出版社，二〇〇三年。

14

# 前進盤龍城

## 商王朝的南向政策

蜿蜒長江、迷濛洞庭，開闊的沃野上，矗立著一座不大的堡壘。紮著小辮的女孩，從村落裡遠遠望著它。女孩的祖先很早就來到這片滿盈著水的土地，這裡資源豐沛、氣候宜人，族人散居在平原上，生活如此一天天過著，直到生活在那座新建城堡中的人，在某一天來到此地。那些人穿著不同的服裝，說著難懂的語言，他們挾著武力的優勢擊敗了眾人仰望的領袖，在此落腳……

「媽媽，那些人是誰？」她拉拉母親的衣角，手指著城堡，疑惑地問著。

「噓！不可以亂指！等你長大了再告訴你！」母親迅速拉下她的手，將她帶進屋內。

Picture No. 14-1

覆滿白霜的盤龍城遺址。左上方隆起的土牆是復原的城牆。作者攝於 2016 年 12 月。

在眾多商代的遺址中，最令學者驚愕的發現，非「盤龍城」莫屬。藏身武漢市郊千年的盤龍城再次現身在世人眼前，改變了學者對於商代政治與軍事發展的認識。盤龍城遠離商王朝的中心，此地出土城牆、房址與各種銅器，皆說明商的軍事力量與文化影響曾經到達長江邊上。這座城可說標誌著商王朝曾經的意氣風發與輝煌功績，但為什麼商人要花費人力物力在這麼遙遠的地方建一座城呢？

## 見龍在田

一九五四年，武漢市發生大洪水，必須修築長江堤防。修堤需要大量泥土，當時地面上城牆還有六～七公尺高的盤龍城，成了最佳取土場。取土嚴重破壞了盤龍城城牆，但也使這座荒煙蔓草的古城重見天日。

盤龍城位在今日武漢市北邊郊區，南邊緊鄰長江支流府河，盤龍城到長江的直線距離不到十公里。城址近方形，南北長約二百九十公尺、東西寬約二百六十公尺，城內面積約七萬五千四百平方公尺，差不多等於一個棒球場。這座城並不大，城牆外環有壕溝，其城外的墓葬區出土了和北方「大邑商」

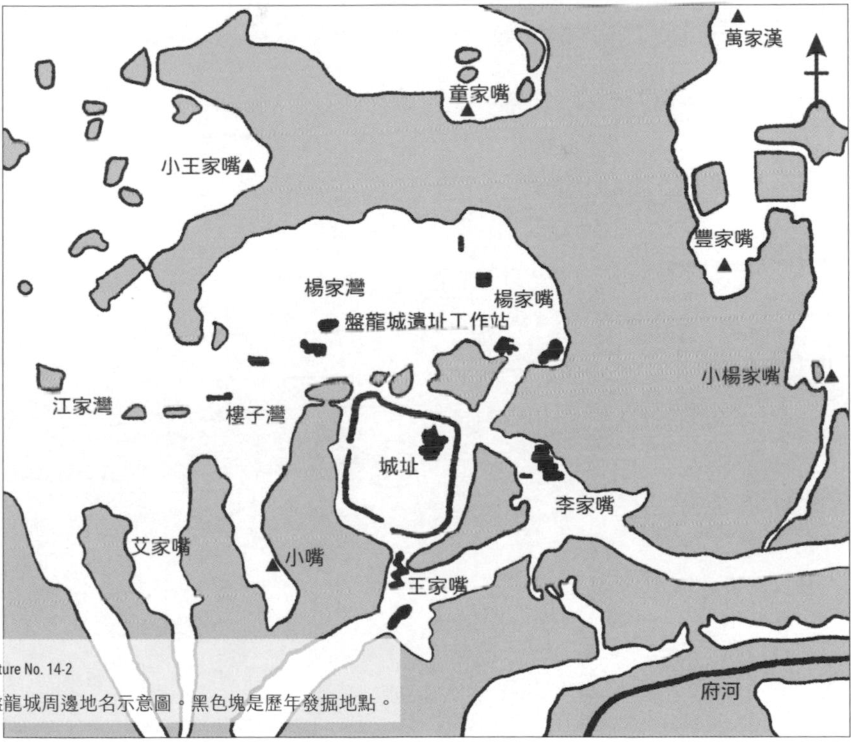


Picture No. 14-2
盤龍城周邊地名示意圖。黑色塊是歷年發掘地點。

極為類似的銅器，所以被多數研究者視為商代前期在南方的軍事堡壘。

## 龍戰於野

### 盤龍城的主人是誰？

有些學者著眼於具有本土特色的遺物，而主張盤龍城代表長江流域獨立的方國，這股勢力與長江中游其他文化遺址有關，其中就有江西新淦大洋洲（參見本書第十六篇〈沉沙中的南方文明〉）與湖南寧鄉炭河里古城（參見本書第十七篇〈人面不知何處去〉）。盤龍城作為南方新興勢力，代表著南方政體與文化的發展高峰。

還有一些學者認為，盤龍城是外來

Picture No.14-3 盤龍城宮殿復原

殖民者的軍事據點。首先，盤龍城城牆與宮殿的修築方式，與同時期鄭州商城（商代早期都城）相同，遺址的興衰也與商文化的發展息息相關。其次，遺址中最大的墓葬李家嘴二號墓為長方形豎穴土坑墓*，有殉狗的腰坑**（參見本書第十三篇〈穿梭陰陽宅〉），是商人墓葬常見的特徵。出土青銅器與玉器的類別、紋飾，和鄭州商城的產品如出一轍，而且它陪葬有矛、戈等兵器，又出土代表權力與地位的鉞，顯示墓主是地位相當高的軍事將領。

再者，盤龍城占據的地點正好位於鄭州商城南下直抵長江之處，沿長江向東南前進，直抵大冶銅綠山、陽新大路鋪，再往東則有安徽銅陵、江西瑞昌等與冶銅有關的遺址。（可參看下頁圖14-5）邁入青銅時代的商王朝，利用銅製作容器、兵器與工具，尤其容器被運用在各種儀式場合，代表地位與權勢，對商人來說，不可或缺。用以鑄造銅器的銅礦，在中國北方與商人活動地帶最接近的是山西省中條山的銅礦，但

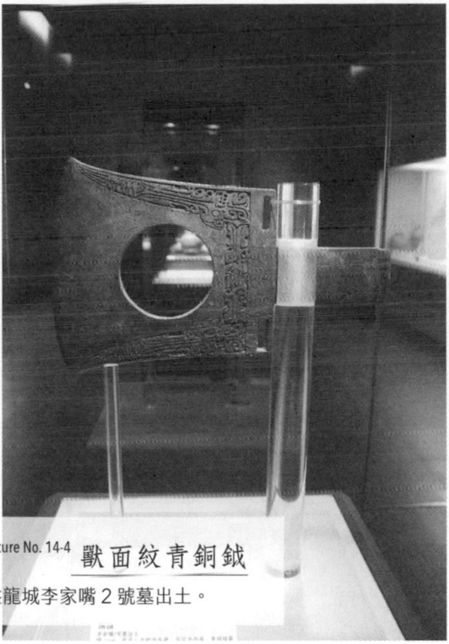

Picture No. 14-4 獸面紋青銅鉞

盤龍城李家嘴 2 號墓出土。

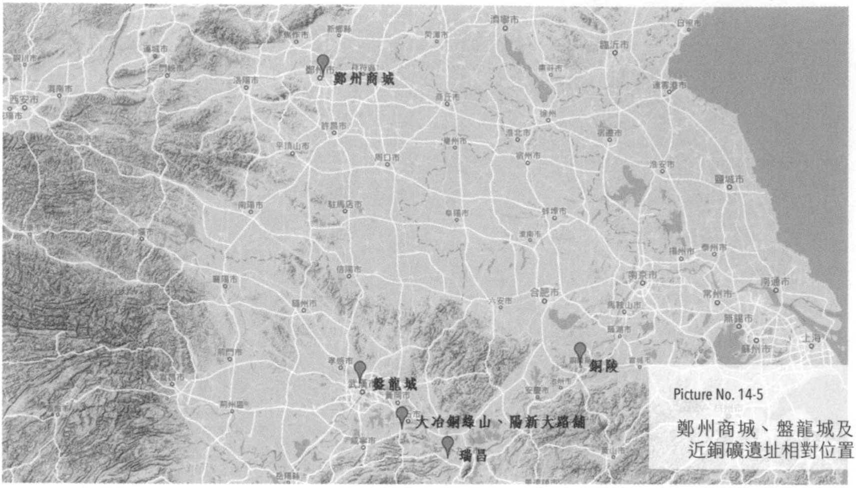


Picture No. 14-5
鄭州商城、盤龍城及鄰近銅礦遺址相對位置圖

科技調查卻顯示商周青銅器的銅礦來源不在此地，同時，大冶銅綠山鑄銅遺址的年代可上推至商，讓研究者將眼光往長江流域移動，考慮盤龍城的建造是否與銅礦資源有關。遺憾的是，現在這一帶的銅礦資源，還沒有發現能與盤龍城存在的商代早期對應的開採遺址，盤龍城也未出土足夠的證據證明曾有大量銅礦在此地轉運或提煉。***

盤龍城因此被認為是商王朝國家版圖中最南緣的要塞，直接控制著商王朝對銅礦、龜、貝等資源的攫取，為「商」看守南方的國防大門。無論如何，盤龍城及其遺物，證明在商早期的中心——鄭州商城與南方的長江流域之間，存在著一個文化交流的路線，這個路線的南方端點是盤龍城，人員與物資都曾在這裡流轉。

## 亢龍有悔

經過考古學者們日以繼夜的努力，這座城的前世今生逐漸清晰。現在的盤龍城為大小湖泊環繞，三面環水，仿若一座水中之城。但商代的盤龍城周圍的水系與湖泊的水位較今日低很多，現在看來隔水相望的遺址，在當時可能都是連成一片的聚落。

任何都市都不是一夜之間就變成今日的繁華模樣，盤龍城也是逐漸發展起來。盤龍城的發展大致可以分為三個階段（參看圖14-2）：第一階段，在南邊的王家嘴開始出現人煙，人們活動在小型村落中，墓葬、居址的大小相仿，人與人之間地位較平等。接著，王家嘴北邊築起了較大型的居址，顯示群體中有些人成為了權貴。此時東北的楊

Picture No. 14-6

曾經荒煙蔓草的盤龍城，地面上仍可看見隆起土牆，暗示著此地曾經存在的古城。右邊往前延伸的箭頭即是東城牆。

家嘴、李家嘴等地也有人群活動，甚至也有一些舶來品，表明盤龍城與長江下游有一定的交流。

到了第二階段，盤龍城發展成城市。早期的聚落中心王家嘴的東北建起了大房子，甚至以此為中心在外圍修建城牆，獨棟獨院，初具今日豪宅別墅的規模。原先有人居住的李家嘴，不知何故，轉變為貴族墓葬區，西邊的樓子灣與小嘴則隨著城市擴張成為平民居住區與手工作坊。此時，盤龍城迎來了發展繁盛期，周邊小聚落的數量也增加了。

第三階段，盤龍城的中心區域轉移到城外西北角的楊家灣，貴族的豪宅、墓葬聚集在楊家灣的南部，而城市的居住區跨過盤龍湖往更北的童家嘴、小王家嘴移動。此時，最早的腹心地區王家嘴被人們廢棄了。原先

Picture No. 14-7

武漢市政府在盤龍城遺址成立盤龍城遺址公園。（作者攝於2015年9月）

的城區與李家嘴雖然還有人活動，但已經相當沒落；楊家灣核心區雖然看來繁華，但規模與文物的豐富度都遠不如第二階段，顯示這個城市正在走下坡路，也暗示來自北方的商文化影響力不斷減弱。隨著北方商文化逐步退出長江流域，這個據點與長江中游其他的商文化聚落也陸續被廢棄，最終在荒煙蔓草中，這顆南方的明珠長眠於地下，直到今日。

## 神龍降世

盤龍城至今出土的遺物與遺址，向世人展示了一個閃耀一時的南方中心，這個中心在商王朝成立前夕稍露端倪，於商王朝的前期盛極一時，到了商代中期，隨著商的中衰，迅速衰落。在整個遺址的範圍內，此後一直沒有其他時代的遺物，直到宋朝時才再度有了人類活動的痕跡。隨著商朝的覆滅，這個商王朝的南大門也完完全全從歷史中銷聲匿跡。

如今，這個失落之城再度進入世人眼簾，隨著考古人的步伐，它曾經的繁華似錦，過往的兵馬倥傯、絡繹行旅交織而成的錦繡圖畫，又逐漸開展在我們面前。

## 註釋

*商周時期常見的墓坑形狀之一是近長方形的直壁土坑，考古學者往往稱之為長方形豎穴土坑。

**腰坑是商系墓葬的常見特徵，通常是在棺槨下方的墓底，大約墓主人的腰部處會有一個小坑，坑中常常埋有一隻狗。研究者認為，這可能與商人的墓葬習俗有關。

***科技考古學者分析商代青銅器的鉛同位素，發現含有高放射成因鉛，目前中國境內銅礦，以雲南東北的礦床數據最接近，但不完全相同；此外，還沒有證據證明商王朝確實從此地將銅礦運至北方商都。

## 參考資料

湖北省文物考古研究所編，《盤龍城——一九六三～一九九四年考古發掘報告》，北京：文物出版社，二〇〇一年。

唐際根，〈商代的南方〉，收入馮天瑜、劉英姿主編，《商代盤龍城學術研討會論文集》，北京：科學出版社，二〇一四年。

張昌平，〈盤龍城的性質——一個學術史的回顧〉，收入馮天瑜、劉英姿主編，《商代盤龍城學術研討會論文集》，北京：科學出版社，二〇一四年。

張昌平，〈論洞庭湖地區發現的商周青銅器——從皿方罍說起〉，收入湖南省博物館、上海博物館編，《酌彼金罍：皿方罍與湖南出土青銅器精粹》，上海：上海書畫出版社，二〇一五年。

湖北省博物館編，《盤龍城：長江中游的青銅文明》，北京：文物出版社，二〇〇七年。

常向陽、朱炳泉、金正耀，〈殷商青銅器礦料來源與鉛同位素示蹤應用〉，《廣州大學學報（自然科學版）》二〇〇三年第四期（廣州）。

張昌平、孫卓，〈盤龍城聚落佈局研究〉，《考古學報》二〇一七年第七期，北京。

鄒秋實，〈盤龍城遺址地理環境變遷初探〉，《遺產與保護研究》二〇一七年第二卷第二期。

15

# 天外來客乎？

## 神祕的三星堆遺址

如果有人想拍一部以中國青銅時代為背景的電影，秦始皇、戰國七雄、春秋五霸大概是最紅也最長壽的票房保證，孔子、武王克商、平王東遷的故事也算可歌可泣，愛情戲還有西施擔綱。但如果要拍懸疑片、恐怖片甚至科幻片呢？可以考慮一下位於四川的三星堆文化。

說起中國的青銅時代，大家直覺想到的多半是位在黃河流域、光輝燦爛的商周文明。但在東亞大陸上遠離黃河流域的其他地方，像是長江中下游，也屢屢出土令人驚豔的文物。三星堆文化甫重現人間，便引起海內外高度重視。因為和其他青銅時代文明比較起來，它以特殊的青銅器鑄造風格自成一格，尤其是大型銅立人像、銅人面具，以及銅人臉上特異的凸目、巨耳、大嘴造型。因為實在太過獨特，又沒有文獻資料可以參考，大家都不知道該怎麼理解，以至於常有網路文章將它視為外星人曾經到訪地球的證明。

但是它真的是外星人的遺跡嗎？

## 迷霧古城

三星堆遺址位於四川盆地內的成都平原。此地由於周圍群山環繞，形成了一個相對獨立的地理空間，也因此在自然生態、氣候方面有其特殊性。但是，群山之間仍有山間谷道可以通行，因此四川盆地還是有與漢中、川東及鄂西等鄰近地區聯繫的交流渠道，並不是完全封閉。

在這樣的地理環境中，考古學家發現了一系列的遺址，密集地分布在今天的四川盆地東半部。這一系列的遺址以三星堆遺址為中心，因此就以「三星堆文化」來稱呼這一系列遺址的共同文化風貌。

作為三星堆文化早期的核心，三星堆遺址是一座有城牆環繞的城市，城外可能還有護城河，總面積達三萬六千平方公尺。標準籃球場的面積是四百二十平方公尺，換言之其總面積相當於八十五座籃球場大小。如果在城內跟著中軸線往南走，則可以找到生產生活用品的玉石器手工作坊與陶窯。雖然目前還沒有發現鑄造銅器的作坊，但是依照當地陶窯所反映的陶器燒製技術來看，當時的人們已經可以運用窯爐燒製高溫陶器。能夠創造出極高的溫度對於製造銅器來說也相當關鍵，因為用塊範法（參見本書第七篇〈斝盃的考驗〉）鑄造銅器時所需要的陶範和融熔的銅液都需要高溫技術，三星堆人所燒製的高溫陶器顯示他們應該也已經取得了鑄造青銅器的入場券，只是目前還沒有發現鑄造作坊。

考古學家在古城的南端還發現了一個高出周圍地面十公尺、應該是由人工堆築的橢圓形大土堆，以及兩個埋藏著銅器、金器、大量象牙等五花八門器物的器物坑，包含名聞海內外的巨大銅人像、銅面具、銅樹……。綜合這兩個現象，學者們推測大土堆應該是當時的祭壇，而兩個大坑裡埋藏的器物則是祭品。

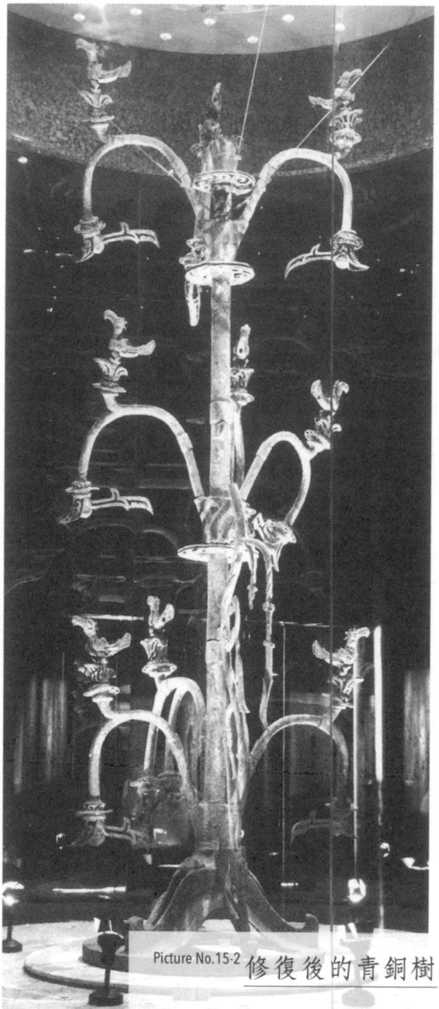

Picture No.15-2 修復後的青銅樹

Picture No.15-1 青銅立人像

# 血色青銅

三星堆文化最引人注目的出土品都來自兩個祭祀坑。除了大量的象牙，還有巨大的青銅面具、人像，以及神樹。

青銅人像看起來像是一個站在高台上、手持象牙、戴著面具的祭司。他的身形瘦削，不含腳下所踩的高台也有一百七十公分高。赤著雙腳，穿著一件有細緻精美圖案的袍子。他的手呈現圈握住物品的樣子，而且不合比例的大，似乎手上所捧的物品有相當的重要性。從雙手的相對位置來看，他握住的東西可能就是象牙。人像臉部的特徵和風格與祭祀坑中大量的青銅面具或人頭像類似：比例上非常巨大的倒三角眼睛、寬大扁平的嘴巴，以及很大很明顯的耳朵。雖然風格相近，但每個面具、人頭像又有各種變化，像是不同的髮型和臉型，顯示出工匠的巧思與高超的設計功力。

造型纖細優雅的青銅神樹是三星堆祭祀坑裡的另外一位明星。重新組裝之後的神樹有將近四百公分高，樹身上有許多下垂的枝條，枝條上站著小鳥，枝條末端還有抽象的裝飾。神樹雖然高大，但是它線條柔美流暢，一點都不會給人壓迫感。

但讓人費解的是，這些精美的青銅人像與青銅樹其實是先被砸碎、甚至焚燒以後，才被埋入坑中的。而且這些器物所在的土坑非常的深，又經過紮實小心的掩埋，似乎是刻意要永久封存坑裡的所有物品。這些祭壇與祭品進獻的對象、將它們破壞與掩埋的原因，至今仍然是一個未解之謎。有些學者認為這屬於某種儀式，尤其是三星堆古城的北段城牆可能被河水沖毀，這個儀式或許與河流有關；也有另一派意見認為這是神權統治遭到人民推翻的證據。雖然目前還很難下定論，但從破壞銅器的行為來推測，對於祭祀者或破壞者來說，這些銅人像、青銅樹應該存在著某種神秘的超自然力量。

## 對外交流

單從三星堆文化的凸目銅立人、青銅樹的造型來看，它們確實是獨一無二的存在，但這並不意味三星堆文化是一枝獨秀、自外於同時期前後位於東亞地區的其他考古文化——別忘了四川盆

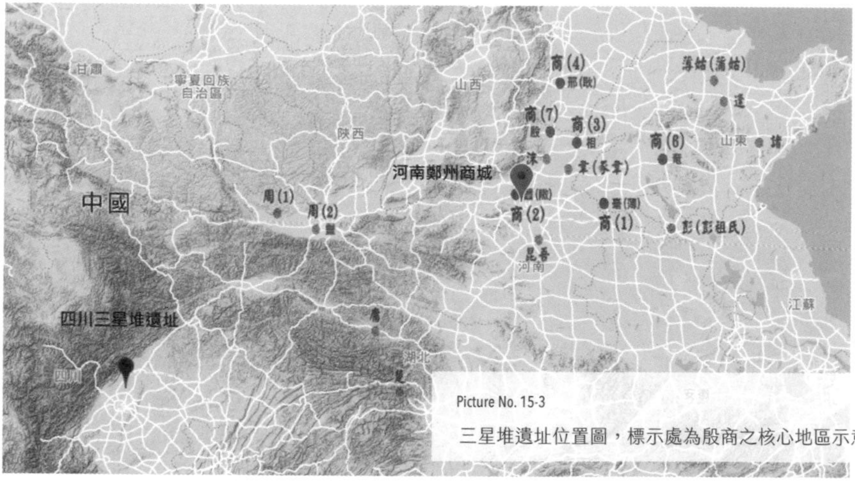


Picture No. 15-3
三星堆遺址位置圖，標示處為殷商之核心地區示意。

地一直都有天然的谷道與外界相連。

三星堆遺址與成都平原的本地文化也有承接關係。像三星堆遺址至整個四川盆地的東半部都使用著相似的日用陶器類別，這說明三星堆人群的生活方式與周圍的人們相去不遠。

此外，它與商王朝也有隱約的交流。例如三星堆文化眾多遺址中所使用的陶器，在形式上與中原的風格相近，在遺址裡發現的綠松石鑲嵌銅牌在造型與鑲嵌技術上也看得出受到中原地區影響的痕跡。在鑄銅技術上，三星堆兩座祭祀坑所出土的銅器與中原地區的銅器一樣，都是用塊範法鑄造，並沒有「天降神兵」式的突破或差異。而且三星堆青銅容器上的紋飾也可以在商代早期的銅器上找到類似的設計，這提示了三星堆遺址與早期的商王朝有某種聯繫。

在受到早期商王朝的影響之後，三星堆遺址開始發展出自己的特色。它的青銅器在風格上與代表商代晚期的殷墟截然不同，似乎未繼續追隨商代晚期青銅器發展的腳步，反而與湖南、安徽等長江中游地區出土的銅器有比較多的共通處。有趣的是，這些地區同樣都受到早期商王朝的影響，卻也都在商代晚期與殷墟失去連絡，這中間究竟發生什麼事，也還是一個難解的謎團。

三星堆文化出土了絕無僅有的巨大人像、面具以及神樹，它們「非寫實」的「科幻」風格確實讓人很容易就聯想到空降而來的外星文明。但實際上，它與周圍時代接近的遺址與考古文化有千絲萬縷的關係，始終不是遺世孤立，也曾透過交流而學習中原地區各式各樣的技術；憑著地緣關係，也可能與長江中游、甚至陝西南部地區存在交流。從數量更多的日常生活器具與遺址來看，三星堆與周圍的其他人群無疑存在聯繫，也未有超出當時科技水準的表現，大概不能稱之為所謂的外星文明，而它精美奇特的青銅器，則應該看作是當地的特殊文化或風格。

**參考資料**

四川省文物管理委員會、四川省博物館、廣漢縣文化館等著，〈廣漢三星堆遺址〉，《考古學報》一九八七年第二期。

四川省文物管理委員會、四川省文物考古研究所、四川省廣漢縣文化局等著，〈廣漢三星堆遺址一號祭祀坑發掘簡報〉，《文物》一九八七年第一〇期。

四川省文物管理委員會、四川省文物考古研究所、廣漢市文化局、廣漢市文管所等著，〈廣廣漢三星堆遺址二號祭祀坑發掘簡報〉，《文物》一九八九年第五期。

羅泰主編，《奇異的凸目——西方學者看三星堆》，成都：巴蜀書社，二〇〇三年。

Picture No.15-4 青銅縱目面具

16

# 沉沙中的南方文明

## 江西新淦大洋洲商代大墓與吳城文化

一九八九年，在江西新淦（音同幹）縣的大洋洲鄉，為了維修贛江大堤，一群民工來到澇背沙丘挖土。澇背沙丘本來是一個高出地面三到四公尺的小丘，長期以來都是當地人挖土護堤的地方。據說過去人們在這座沙丘挖土時曾經挖到一些銅錢、陶罐之類的東西，不過沒有人特別留意。沒想到一九八九年這一挖，卻挖出了一批價值不斐的青銅器。雖然圍觀群眾立刻把這些古物瓜分殆盡，幸好最後還是被全數追回，由考古學家展開科學發掘。

這個隱藏在澇背沙丘下三千多年的古墓，現在被稱為「江西新淦大洋洲商代大墓」，或是簡稱「新淦大墓」。這個名列「中國十大考古發現」，乍聽之下還以為在澳洲的墓葬有什麼特別之處呢？且讓我們從這座大墓的內容說起。

## 古墓虎影

雖然被稱為「大墓」，很可惜的是經過三千年來人們耕種、生活與洪水的干擾，墓葬的細節已經不太清楚。考古學家們根據所收集到的資料推測，這座墓有一個深約兩公尺的墓坑，坑內有槨室與棺木，墓坑上方則有五至六公尺高的封土堆。從兩層樓高的封土堆來想像，墓葬的規模確實也是頗為可觀的。

新淦大墓最讓人印象深刻的還是隨葬品。新淦大墓的墓主人擁有四百七十五件青銅器，以煮食用的器物為大宗，其他還有裝酒或水的容器、大刀與戈之類的兵器、作為樂器的鐃（音同撓）和鎛（音同博），以及一些無法判斷功能的器物，在數量上穩坐青銅時代第一名的寶座（第二名是婦好墓）。

除了驚人的數量，這些青銅器還有許多獨一無二的特點，展現出與商代核心區域截然不同的風格。舉例來說，這座大墓擁有三十件五花八門、大小各異的鼎，跟殷墟以觚（音同估）、爵這類酒器為主軸的隨葬品組合很不相同。不只在數量上傲視群倫，新淦大洋洲的鼎還很有特色，例如其中一個方鼎，器身被隔成上下兩半，下半部隔間還裝了一個可以掀開的小蓋子，這應該是一個非常精美的小火鍋吧（見圖16-1）。此外，還有一個高一〇五公分，重七八．五公斤的「甗（音同眼）」（見圖16-2）；這種用來蒸煮食物的青銅器在殷墟地區一般高六〇到八〇公分不等，底部有三足做為支撐，但是新淦大洋洲的甗不僅在尺寸上硬生生比別人高出一個頭，還加上了第四隻腳，讓器物傳遞出渾厚、穩重的視覺感受。與眾不同的尺寸和設計表示需要更大量的原料及資深的工匠，由此也暗示著墓主人深厚的家底與權力。

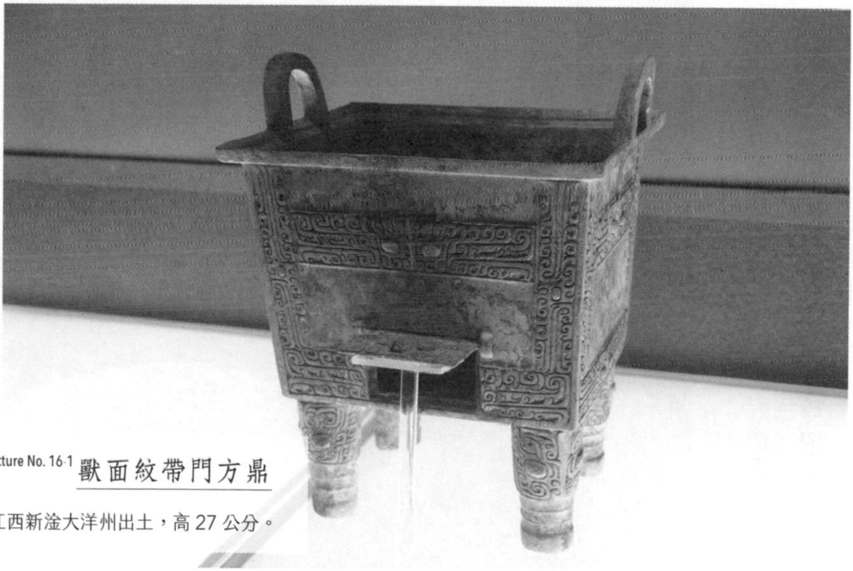

Picture No. 16-1 獸面紋帶門方鼎

江西新淦大洋州出土，高 27 公分。

新淦大墓的青銅器還有一個引人注目的特點：老虎！新淦大墓的主人好像很喜歡老虎，他還特意在許多的鼎上都裝飾了老虎，有些裝在鼎的提把上，有些則直接把鼎的三隻

Picture No. 16-2 獸面紋立鹿甗

江西新淦大洋洲出土，高 105 公分。

腳換成老虎的形狀。不過最引人目光的老虎還是這一隻。這隻老虎趴在地上，尾巴上捲，嘴巴略張，背上還站了一隻鳥，感覺好像聚精會神地看著前方的獵物，隨時都要撲出去的樣子（見圖16-3）。雖然學者專家們目前無法確定這隻老虎的功用，但是這樣的青銅器只有這一座墓葬中才有，可以說是新淦大墓的標誌之一。

玉器和陶瓷器也是新淦大墓引人注目的內容。這座大墓中有七百多件玉器和一些水晶，多數是墓主人穿戴用的裝飾，像是精雕細琢、樣式獨特的玉珮和墜子，還有戈和矛這類有著兵器外型、被認為是在儀式中使用的玉器。陶器類的器物則有一百多件，在數量上和青銅器一樣也是同時期墓葬中首屈一指的。它們的形狀、材質、燒成溫度各有不

Picture No. 16-3 伏鳥雙尾青銅虎

江西新淦大洋州出土。高 25.5 公分。

同，除了燒成溫度比較低、比較常見的泥質灰陶與紅陶，還有燒成溫度比較高、需要較高技術的硬陶與原始瓷器。

## 猛虎翻江

如果只看新淦大墓，它豪華又獨特的風格就像幽浮一樣，不知道從哪裡來，也不知道往哪裡去。但是，新淦大墓並不是一座遺世獨立的墓葬。如果把它與附近的遺

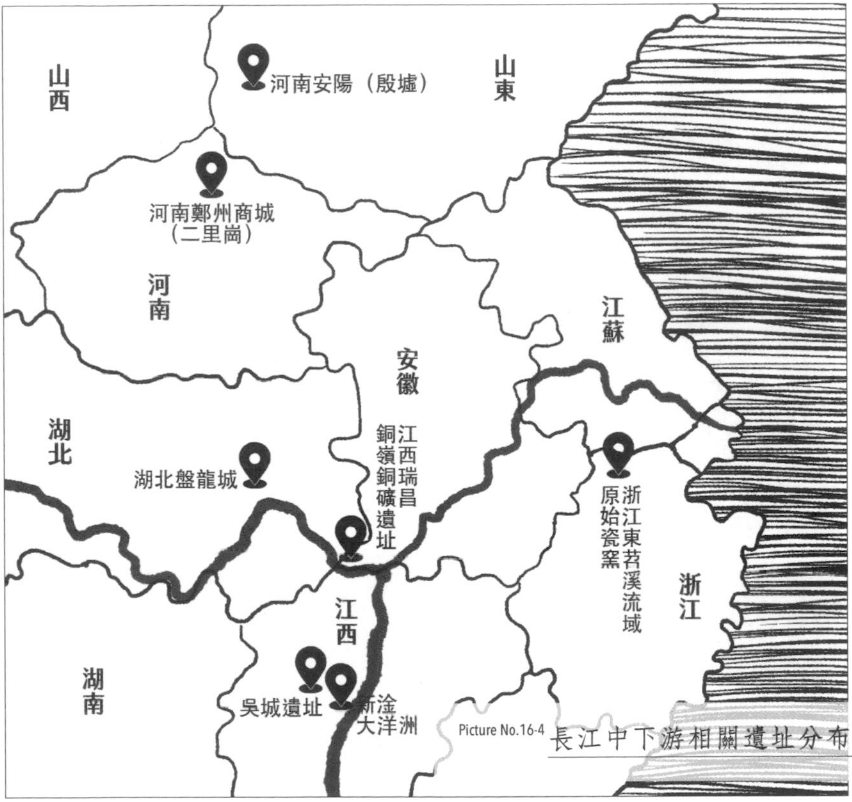


Picture No.16-4 長江中下游相關遺址分布圖

址連結起來，新淦大墓墓主人所生活的世界就有跡可尋了。

新淦大墓被認為與江西的「吳城文化」有關。被稱為「吳城文化」的是位於鄱陽湖西岸、大約生活在中商到晚商時期的人們所留下來的遺跡與遺物。考古學家在「吳城」這個地方發現了城牆，牆外挖有壕溝，牆內的面積則有六一．三萬平方公尺，是盤龍城（參見本書第十四篇〈前進盤龍城〉）城內面積的九倍，相當於一．五座衛武營都會公園的大小。城牆裡除了有房屋，還有祭祀用的廣場與建築、通往祭祀廣場的道路、製作青銅兵器與工具的作坊與製陶作坊。這些發現意味著這個社會已經發展到了一定的程度，有專業分工的經濟生產，也有可以管理人力的組織或階層。考慮到吳城遺址和新淦大墓間相距不遠，學者們推測新淦大墓的銅器可能是在此鑄造的。

那麼，誰住在這個城裡呢？考古學家觀察了吳城遺址中發現的陶器，並且把這些日常生活使用的器物拿去和其他地區比較。他們發現，吳城遺址出土的早期陶器與中原地區比較相近，但也帶有一些當地的特色，像是盛裝液體或是酒類的酒器比較稀少。隨著時間過去，當地的特色越來越明顯，來自北方的特徵漸漸被轉化、融合，在器物的類型和裝飾風格上都與作為「大邑商」的安陽殷墟有所區別。類似的情況在青銅器上也可以看到，例如一九一頁圖16-1那個有夾層的小方鼎，就有如中原出土方鼎的縮小版，但像夾層這樣屬於當地的風格與創造也不容忽視。種種的跡象讓考古學家相信在此地的人們可能是在商代早期移居到鄱陽湖西岸的，可能也有一部分人是在湖北的盤龍城衰落以後才遷移到此。而在此之後，新淦大墓與吳城文化所在的鄱陽湖地區在器物上就不再有與北方持續交流的痕跡，而是維持著相對獨立的生活方式。

透過陶器的比較，考古學家發現此區與長江下游地區有一些接觸。江西與長江下游地區在青銅時代逐漸從陶器的燒製中發展出了「原始瓷器」。與一般的陶器相比，這類器物選用較為細緻的瓷土製作、表面上釉、需要更高的燒成溫度。雖然與宋代登峰造極的瓷器相比還有很多缺陷，但它們已經帶有一些瓷器的特徵，像是人工上釉不容易滲水、敲擊器壁的聲音比較清脆等等，可以說是正在發展與實驗的「原始」階段。這樣的「原始瓷器」在青銅時代的黃河流域相當少見，卻是長江下游地區代表性的產品之一，除了江西，在浙江地區也發現了許多用來燒造原始瓷器的陶窯遺址。

進步的陶瓷工藝不是吳城文化唯一的特徵，他們還有自己的銅礦。位在江西瑞昌的遺址顯示，這個地方在商代就有銅礦的開採，一部分可能供應了河南殷墟地區的銅器生產，一部分則成為當地製作青銅器的原料。根據學者的研究，新淦大墓的青銅器使用的就是來自瑞昌的銅礦。

和三星堆一樣，新淦大墓與吳城文化的發現挑戰了過去以商周為中心的歷史記載，顯示在商人與周人之外，青銅時代的東亞大陸還居住著許多不同的人群，他們各自發展出不同的文明，讓我們對中國青銅時代的想像從單一起源的「同心圓」拓展成多元競爭的「百花齊放」形象。而新淦大墓與吳城文化同時有外地風格與本地作法的特徵，反映的是遠來移民與當地居民匯流、融合，最後形成一支獨特文明的過程。

**參考資料**

江西省博物館、江西省文物考古研究所、新淦縣博物館等著，《新淦商代大墓》，北京：文物出版社，一九九七年。

江西省文物考古研究所、樟樹市博物館等著，《吳城：一九七三—二〇〇二年考古發掘報告》，北京：科學出版社，二〇〇二年。

彭明瀚，《商代江南》，北京：科學出版社，二〇一〇年。

彭明瀚，《吳城文化》，北京：文物出版社，二〇〇五年。

# 17

# 人面不知何處去

## 湖南寧鄉炭河里古城

遠在前方天際，引領著方向的太陽即將落下。天色昏黃。

離河岸有點距離的樹林中，一群人匆匆趕路。為了盡量避開可能遇上的外人，他們不敢貿然沿著河岸前進。這裡的環境與氣候，和故土差異太大，充滿各種無法預料的危險，深入森林的路線是絕不能行走的。

於是，他們小心翼翼，不能太過靠近，亦不能遠離河岸，盡量降低存在感，盡可能趕路。

終於，在太陽沒入山的另一端之前，看見了。

樹林盡頭，開闊的沃野與潺潺流動的溪水。

那將是安居之地。

商代，在歷史上留下許多膾炙人口的故事，如酒池肉林、比干剖心，故事雖然引人入勝，但僅是商王朝長久統治的吉光片羽。直到甲骨文出土，才讓今人更了解商王朝的方方面面：商人如何祭祀，崇拜哪些神祇，作戰方式等等。考古遺址陸續發現，也讓我們更清晰看見商王朝擴張軌跡、奴隸境遇、築城技術等過去完全空白的歷史遺痕。今日安陽殷墟——商的最後一個首都——的發掘，讓我們得知商王朝如何從最強盛直至傾頹。除了商王朝本身，各地考古發掘成果也使商與周邊的互動日見清晰，如盤龍城及其周邊的遺址可能是商人在南方拓殖的據點，商王朝四周有或敵或友的方國——如四川三星堆文化及江西

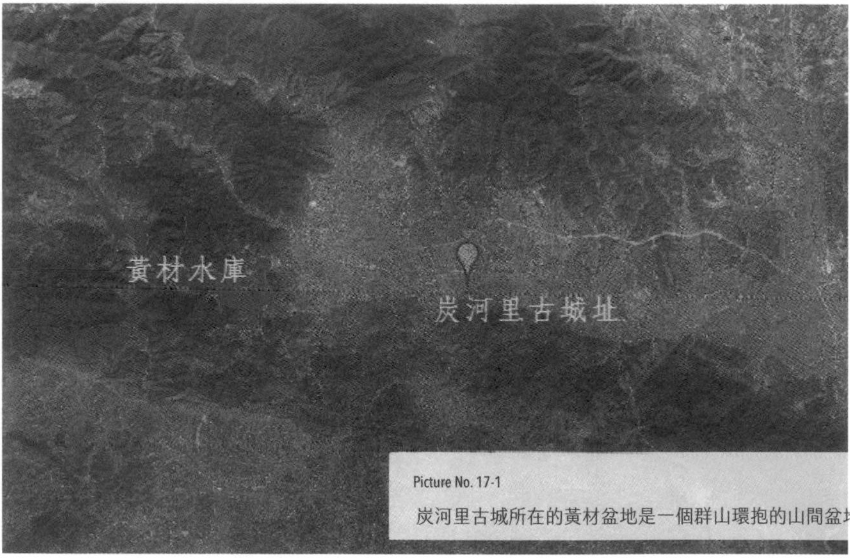


Picture No. 17-1
炭河里古城所在的黃材盆地是一個群山環抱的山間盆地。

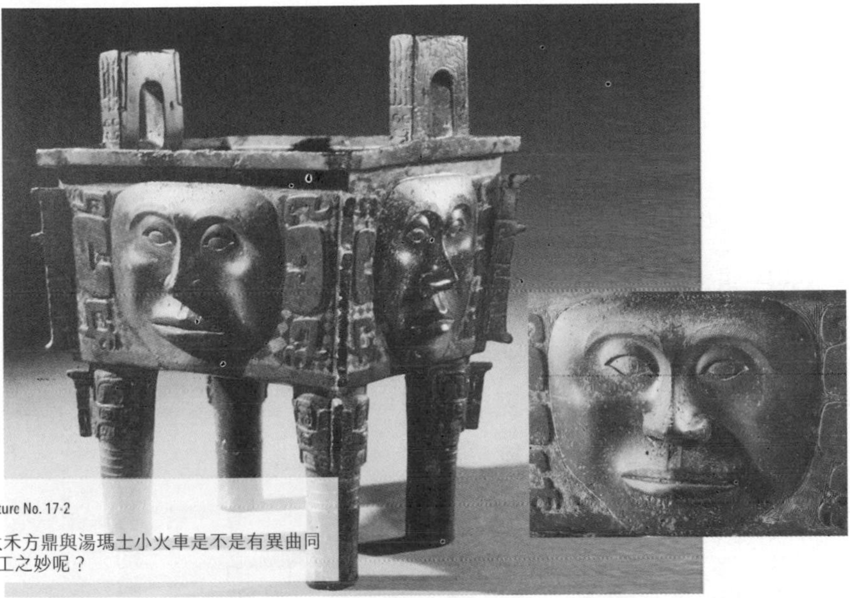

Picture No. 17-2

大禾方鼎與湯瑪士小火車是不是有異曲同工之妙呢？

新淦大洋洲高級墓葬的主人。接下來要介紹的湖南寧鄉炭河里古城，是另一個湮沒在歷史長河中的南方勢力嗎？

## 湯瑪士小火車的故鄉？

一九五〇年代開始，湖南省寧鄉縣黃材鎮陸續發現青銅器。黃材鎮所在的黃材盆地海拔約一百一十五公尺，是一個山間盆地，群山環抱。要進黃材盆地，必須沿著湘江南下，接著順溈水深入上游，直到溈水（溈，音同維）上游的黃材河。在交通不若今日發達的古代，這並不是一條便捷且暢通的交通路線。位在這條路線終點的黃材盆地，腹地不大，要與他地的族群往來，若不是順著水路往外走，便是要翻越四周的山峰。

在位置如此偏遠的山間盆地及其周圍，出土了數量達二百五十件之多的青銅器，有些與北方商文化系統的青銅器風格相近，有些則極富特色。其中最著名者，當屬「大禾方鼎」，又常被稱為「人面方鼎」。

這些零散出土的銅器中，具有特別造型的銅器被認為可能是當地的鑄造產物，而明顯有殷商作風的青銅器，學者們聚訟紛紜。湘江流域是多山區域，自古就有多族群分布，少有外來文化能強力影響此區，即便是立國於長江中游的楚國，也經過相當長的一段時間才跨過長江，在洞庭湖為中心的區域有較大的影響力，遑論商、周這兩個立基中國北方的國家，其勢力很可能沒有越過長江。既然如此，這些可能是在北方製作的青銅器，如何來到以湖南為中心的南方大地？這個區域當時究竟與北方的國家有什麼關係？這是商周史研究的一大謎題。

學者們懷抱著對這些銅器的不解，多次在黃材盆地勘查，最終，發現了這個已經湮沒數千年的古代城址。城址現世，對學者們來說，當然是值得驚嘆的，因為這數次出土銅器的黃材盆地，可能是古代南方一個政治或經濟中心的所在。但令人遺憾的是，黃材河不斷北移嚴重破壞城址，現存的遺址範圍不到其真實大小的四分之一。

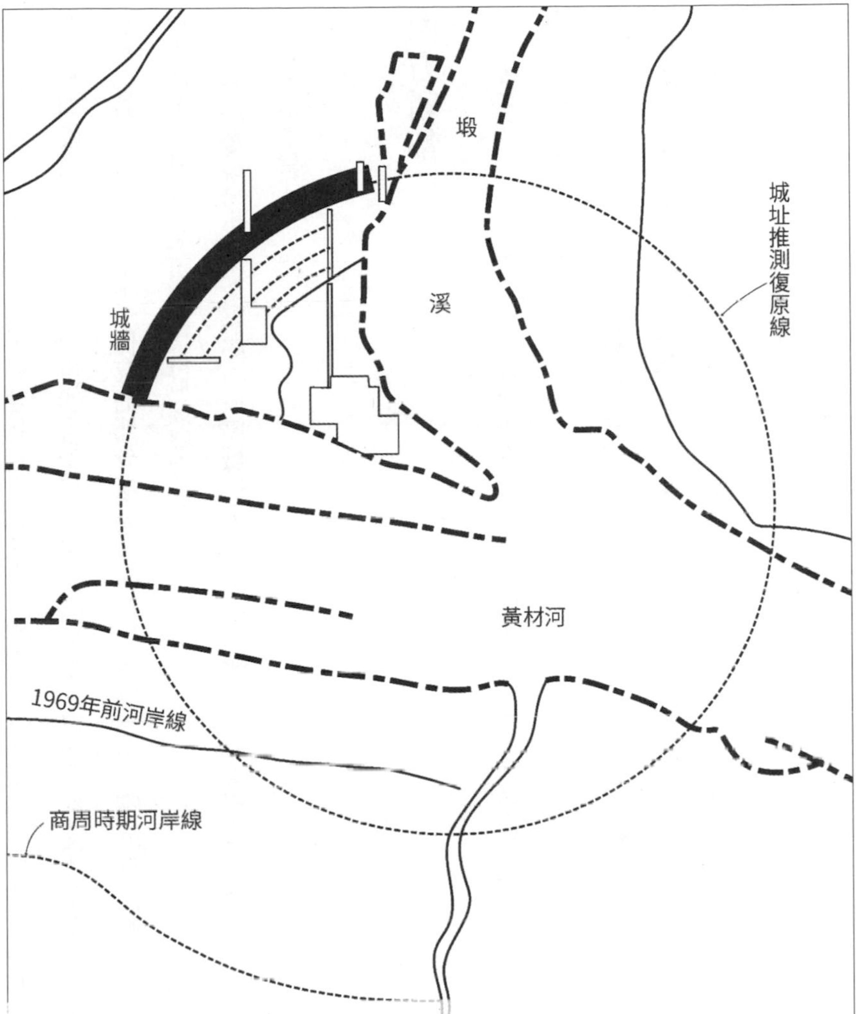


Picture No. 17-3 炭河里古城平面圖

城址多數毀於河水沖刷，虛線是考古工作者推測的範圍，當時城址未必是圓形。方框是發掘範圍。

這座身世不明的古城，興建年代大約在商末周初，主要使用的年代是西周早中期，在西周晚期廢棄；此地出土的物品，風格受到北方商周文化影響，卻又帶有濃厚的本地色彩。雖然多數城牆毀於河水，僅存的部分城牆仍看得出築牆技術非常進步，牆內倖存的土地發現兩座夯土基址*，可能是古城興盛期的宮殿區。

種種發現帶來更多謎題，這座城的來歷以及古城與周邊青銅器的關係，成了研究南方者目光的焦點。

## 南方新都心

在古城現身之前，青銅器陸續在此出土就暗示著南方可能存在一個頗具規模的政治中心。為什麼這麼說呢？

其一，此地出土的青銅器，有部分紋飾繁縟且製作精良，家庭式小作坊沒有能力製造這種高品質的青銅器，必須在有一定程度分工的作坊才可能生產。

其二，若此地已經可以負擔一群專事銅器生產的工匠，社會應當有一定的複雜化與分工，讓其中部分人可以專心生產非必需品。

其三，青銅器並非生活必需品，精美者是由專業工匠製造，這說明這個社會的階級已經分化，當中有一群人可以享有專業工匠製造的奢侈品。

於是，這座新發現的炭河里古城變成學者心中期待的「南方新都心」。

但事情並不如想像中的美好，原因在於黃材盆地的位置太偏遠，與人們想像中的政治中心應該有的模樣——絕佳戰略位置、足夠大的腹地——相去甚遠。黃材盆地位在溈水流域的末端，如前面已經說明過，盆地的居民要與外界往來，若不是經由水路層層轉接，就是要翻越四周的山脈。盆地內雖然開闊，但腹地不大。以戰略及交通地位來說，無疑是極差的選擇。但是，炭河里居民卻選擇了這塊土地，在這裡興建城牆與夯土為基的房子。古代築城與建宮殿都是利用夯土為牆、為地基的技術，夯土技術需要大量人力持續搥打泥土，因此，能使用這種建築技術的社會是有組織的，有一個可以調動人力與物資的行政中樞。

炭河里古城的位置雖不適合建立政治中心，但這個城有發達的築城技術與美麗的青銅器，顯示這裡曾經存在控制不少人口的政治中心，這些現象實在令人困惑。有學者根據這種種跡象，認為這座城的主人是商朝的遺民，商末大戰結束後，戰敗的商朝貴族有一部分倉皇南逃，跨過了商王朝強盛時的南疆界線，來到湘江流域。當時湘江的主流應居住許多所謂蠻夷族群，這群落難的鳳凰只能往深山去，最終在這裡安居。

南逃一說非常動人，城址的身世頓時蒙上了一層悲戚的色彩，但事實是否如此呢？當前的線索還不能說服多數人。雖然炭河里一帶出土的銅器有殷商色彩，但使用的方法與北方截然不同，暗示這些青銅器有可能是由北方南傳，為原住民所持有。

在北方，青銅器主要出土在墓葬中，有時出土在祭祀坑（埋藏祭祀物品的坑）。祭祀坑多半在建築、城牆或墓葬附近發現，其中除了銅器，還常伴隨著人骨或動物骨。黃材盆地一帶的青銅器時常單個出土在山腳、山上或是河邊，偶爾盛裝玉器。因此，當中雖然有北方樣貌的銅器，使用者的文化背景與北方截然不同。

從器物的流傳來說，青銅器作為一種不易毀壞的奢侈物，除了跟隨著主人移動之外，還有可能因為婚姻、餽贈或是戰爭而傳至他地。例如西周春秋時期，貴族會製作青銅器當作女兒的嫁妝，上面鐫刻的是娘家的國族，但出土在丈夫的國家；又如西周初年大戰方歐，戰勝的西周貴族掠奪了商貴族的青銅器，並分送給

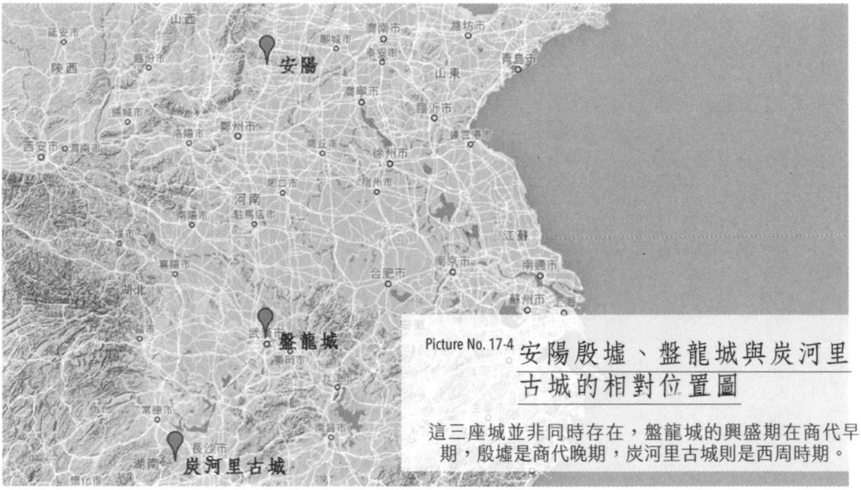


Picture No. 17-4 安陽殷墟、盤龍城與炭河里古城的相對位置圖

這三座城並非同時存在，盤龍城的興盛期在商代早中期，殷墟是商代晚期，炭河里古城則是西周時期。

有功者，這些青銅器是赫赫戰績的證明，隨著周貴族下葬。因此，銅器的製作工藝、銘文，不能作為判斷最後持有者身分的唯一標準，必須配合出土的各種狀況，綜合判斷。也因此，商人南逃說並未說服多數學者。

有意思的是，炭河里青銅器有一部分含有高放射成因鉛，這種成分反而與北方殷墟中期青銅器相同。這個現象說明了古代中國資源複雜的交流狀況，而目前所知的僅是其中極小一部分。眾多意見的是與非，現在還無法下定論。這些爭論也反映了現今對古代中國南方的了解還太少，之前介紹過的盤龍城與炭河里古城或多或少填補了商周時期南方的空白，其所帶來的豐富線索該如何解讀呢？讓我們期待更多塊拼圖吧！

## 註釋

* 此地共發現六座房址，但有四座房址被兩座夯土的房址疊壓，尚未發掘。

## 參考資料

湖南省文物考古研究所、長沙市考古研究所、寧鄉縣文物管理所，〈湖南寧鄉炭河里西周城址與墓葬發掘簡報〉，《文物》二〇〇六年第六期。

向桃初，〈炭河里城址的發現與寧鄉銅器群再研究〉，《文物》二〇〇六年第八期。

劉彬徽，〈關於炭河里古城址的年代及其和寧鄉青銅器群年代相互關係的思考〉，《湖南省博物館館刊》二〇〇八年第五輯。

黃銘崇，〈從考古發現看西周墓葬的「分器」現象與西周時代禮器制度的類型與階段〉，《中央研究院歷史語言研究所集刊》第八十三本第四分，二〇一二年；第八十四本第一分，二〇一三年。

馬江波、金正耀、范安川、向桃初、陳福坤，〈湖南寧鄉縣炭河里遺址出土青銅器的科學分析〉，《考古》二〇一六年第七期。

18

# 小國崛起

## 周人與先周文化

今日流行「大國崛起」，但歷史告訴我們，崛起的未必都是大國，距今約莫三千年前的關中盆地西部就有一個小國崛起。它擊敗強大的殷商王朝，建立了被後世視為集三代禮樂文明大成者的西周王朝。這個小邦如何崛起？是長期謀劃的結果？還是諸多偶然造就的奇蹟？接下來就從古文獻與考古學提供的資料認識這個崛起的小邦。

## 古書裡的小國崛起

崛起於周原，以關中盆地為據點的周人，於西元前一〇四六年在牧野擊敗了「大邑商」。勝利的果實得來不易，根據《詩經》的記載，至少是自太王開始，經季歷、文王三代的努力，最終才由武王完成大業。

周這個部族有著什麼樣的過去呢？《詩經．大雅．生民》這麼說：

**厥初生民，時維姜嫄。生民如何，克禋克祀，以弗無子。履帝武敏歆，攸介攸止，載震載夙，載生載育，時維后稷。**

司馬遷於《史記．周本紀》記載了這則傳說。傳說周族最早的祖先是因為媽媽姜嫄踩到巨大足印，懷孕而生的。這麼離奇的未婚懷孕，說給誰聽誰會信？因此被視為不祥的象徵。未婚媽媽姜嫄生下孩子後，自然想把他丟掉，可是不論丟在哪裡，動物界的好朋友們都會來保護他。無可奈何的姜嫄只好把他帶回家撫養。為了「紀念」此事，就把孩子取名為「棄」。媽媽的厭惡讓棄把關愛的視線投向不會動的植物，意外發現自己其實是個綠手指，善於栽培作物，長大後得到堯的賞識，當上了農委會主委。

雖然周人有這麼傳奇的祖先，但未能因此迎來家族的繁庶，反而過上一段輾轉於各地謀生的生活。後代子孫公劉時短暫復興，帶領族人在豳（音同彬）定居，此時周人總算過上了安穩生活。在經過了好幾代人的沉潛之後，古公亶父（亶，音同膽）成了豳地的領袖。但面對時時窺伺的玁狁（音同險允，古代中國北方的族群）與戎狄，古公亶父只好帶著族人再次遷徙，最後來到岐山下的周原，也就是周族勃興之地。

古公亶父之後繼任周族領袖的是他的孫子季歷，大約從這時起，周族就進入一個穩定發展的時期，也大約是此時，「周」開始出現在殷墟卜辭中。商王在甲骨上的卜問，相當關心這個遠在西方的小邦，雙方甚至曾經交戰。季歷統治下的周已是商人不可忽視的存在。

季歷的兒子文王成為領導者後，嶄露更積極的政治野心與行動。文王伐滅密須、犬夷，控制了大後方，取得周原北方與西方區域的主導權，接著向東攻打黎、崇等國，打開東進的路線，把周人的勢力擴展到關中盆地的東半部，並往上延伸至太行山西麓。然後建築新的都城豐邑以確保對東方的控制。可以說，文王在過世之前已經做好了伐商的準備。相較於在西方勢如破竹的周人，東方的商紂王則在山東地區東夷的叛亂中疲於奔命。牧野之戰爆發前夕，雙方優勢已改變。

# 文物裡的小國崛起

古代文獻關於周人的記載多集中在政治軍事活動，較少涉及到其他層面，例如周人過著什麼樣的生活？幸運的是，藉由考古成果，我們可以從他們遺留的物品和生活空間認識克商前的周人。周王朝成立之前的周人物質文化被稱為「先周文化」，包含他們所遺留下來的生活用品、墓葬和居址。在諸多物品中，最顯著的是日常生活中最重要的「陶鬲」。

陶鬲在功能上近似今日的鍋，是用來炊煮小米的炊具。隨著風俗、製造技術與時代的不同，產生不同的造型。現代按照襠部的特徵，可以分成不同的種類*。而陶鬲因為是常用

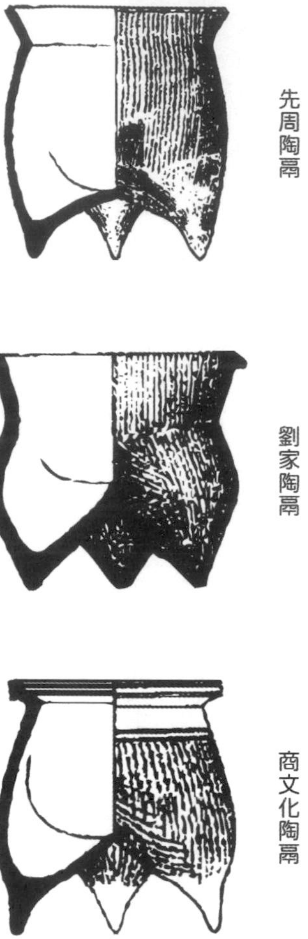


Picture No.18-1 商代晚期的鬲

炊具，在考古遺址中相當常見，又因容易破損，一般不會被長久保存，故能有效反映不同時代的製作喜好，所以被考古學者當作區別不同人群和時代的標準。

在商代晚期的關中盆地，考古學家找到了三種不同款式的鬲，分別代表三種不同的文化：「聯襠鬲」代表的是先周文化，「袋足鬲」代表的是與姜戎有關的劉家文化，「分襠鬲」代表的是商文化。（見圖18-1）

從陶鬲的分布來看，在商代晚期之初，關中盆地以

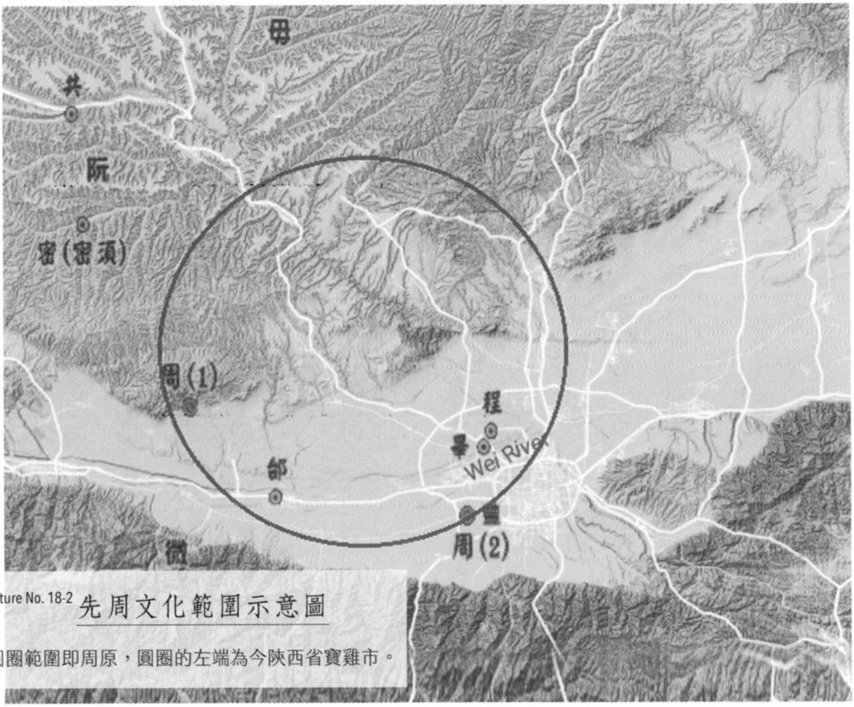


Picture No. 18-2 先周文化範圍示意圖

圓圈範圍即周原，圓圈的左端為今陝西省寶雞市。

商文化為主流，西部是以先周文化為主，分布在大約豐鎬、周原、豳、郇邑（郇，音同旬）圍成的區域內（見圖18-2）。這時商文化的影響力相當顯著。武丁時期，劉家文化崛起。商代晚期的最晚階段，關中盆地東部的商文化衰退，西部先周文化興起，與劉家文化整合，位於西安南方的豐邑甚至出現先周文化的遺物。從這些現象來看，考古資料呈現商代晚期關中盆地人群的發展趨勢，是由多元並立逐漸整合，可能與商周之際周人在關中地區的壯大有關。

前面的敘述似乎讓人感覺出土資料與傳世文獻密切結合、相互呼應，但其中有一些複雜的問題。

雖然考古學者認為物質文化與特定族群可以連結，並試圖根據文獻尋找屬於周人的物質文化，但是所謂的先周文化範圍，不能直接和克商前周人的族群分布與控制區域畫上等號。這種推論就好比未來的考古學家在地球上各大城市遺址都發現了豐田汽車，並以此推論日本曾經統治地球一樣荒謬。雖說如此，物質文化在一定程度上確實能反映政治勢力或特定族群的影響力，像是我們覺得西裝是正式服裝，這就反映了西方文化強大的影響力。所以我們應該避免掉入這種思考方式的陷阱。

## 共生共榮

古代文獻的記載與考古資料都描繪了一個相似的「小邦周」。那是一個與諸多族群共處的周族，兢兢業業經營數十年，逐漸打下紮實基礎，在岐山腳下站穩腳步，從一個弱小而顛沛流離的族群搖身變成實力堅強的小政權。以此為基礎，積極吸納周圍的勢力，與之共存，接著往東邊擴張。武王克商前夕，周族已經在關中盆地東部建立前哨根據地豐邑，完成這個偉大布局的最後一步。

曾經的小邦，已然崛起。

**註釋**

*「襠部」意指鬲的底部三足間的部位，因為製作方式不同，聯襠鬲、分襠鬲在此部位的特徵亦不同。例如，聯襠鬲的三足原為一體，而後由作器者捏出三足，故襠部相連。分襠鬲的三足原為獨立部件，而後接合在一起，故襠部呈分離貌。

**參考資料**

張天恩，《關中商代文化研究》，北京：文物出版社，二〇〇四年。

中國社會科學院考古研究所編著，《中國考古學・夏商卷》，北京：中國社會科學院出版社，二〇〇四年。

徐良高，〈豐鎬遺址內先周文化遺存的發現與研究〉，《三代考古（二）》，北京：科學出版社，二〇〇六年。
宋江寧，〈區域社會的形成與發展〉，北京：中國社會科學院研究生院博士學位論文，二〇一一年。
雷興山，《先周文化探索》，北京：科學出版社，二〇一〇年。
張天恩，〈周原早期聚落變遷及周人岐邑的認識〉，《文博》二〇一八年第二期。
張天恩，〈周原遺址殷商時期文化遺存試析〉，《中原文物》一九九八年第一期。
雷興山，〈周原遺址商時期考古學文化分期研究〉，《古代文明》第六卷，北京：文物出版社，二〇〇七年。

# 19

# 分贓還是外派？

## 周初封國的建立

我與父親不相見已有數年了，我最不能忘記的是他的背影。那年冬天，二伯駕崩了，被謚為周武王，父親的差使也交卸了，正是流言四起的日子。我自魯國返回鎬京，打算跟父親報告我的魯國開拓史。到鎬京見著父親，看見滿院狼藉的東西，又想起二伯，不禁簌簌地流下眼淚。父親說：「誦兒還在，我要保護二哥的孩子，不必難過。」喪儀完畢，父親要到東土平叛，我也要回到曲阜作戰，於是便同行。我們過了孟津，父親說：「我捉條魚給你。你就在此地，不要走動。」我心裡暗笑他的迂，這事只要交給傳令兵去做便是，唉，我現在想想，那時真是太聰明了。

我看見他揭起衣裙摸魚，顯出努力的樣子。這時我看見他的背影，我的淚很快就流下來了。父親撈到一條白魚，跟當年是一個樣子，繩索串著，一股腦兒放在我的馬車上。於是他抖抖溼掉的衣裙，心裡很輕鬆似地說：「沒事，當年我也給你二伯這麼幹，我那時躲在船下，他可誇我了……」。從父親臉上晶瑩的水光中，我彷彿能看見某種年輕而熾烈的情緒復燃，那種青春的，羞澀的，難以啟齒的感情……直到父親轉身離去。

我很開心，父親的心裡，不再只有二伯了呢……

傳說英姿勃發的武王，率領三百輛戰車、勇士三千人、甲士四萬五千人，大軍渡過盟津，各方友軍來會。這支氣勢如虹的軍隊，往東直指商首都，長驅直入。

末代帝王商紂傾盡所有軍隊，以七十萬人應戰，孰料這場敵寡我眾的戰事，就在商軍隊一片倒戈聲中迅速終結，商紂自焚而死，武王成為中國北方大地新的統治者。

迅速拿下商朝的周武王，旋即面對的是如何鞏固周人的統治權。商朝國祚數百年，對中國黃河流域各邦國有強大的影響力。至商王朝末期，影響力逐漸衰退，即使有些邦國離商而去，他們也未必會聽令於西方新興的周。何況，百足之蟲，死而不僵，商覆滅後還有大大小小的商貴族遺留在首都近郊，商王朝東部地區更有許多與商若即若離的方國。周人只是消滅商王朝的「中央政府」，地方勢力仍在。以武力擊敗統一的敵人已然不易，如何有效填補商王朝留下的權力真空，使地方勢力俯首聽命？如何不要讓軍隊在各地為了平叛而疲於奔命？難題才正要開始。

## 四面楚歌的諸侯

周人的解決方案是大家耳熟能詳的封建制度。

封建是怎麼一回事？是王子帶著國王爸爸的祝福，到一個富裕的領土接受臣民供養嗎？還是帥氣的騎士帶著長劍騎著駿馬奔馳而至，宣布今天開始這裡為我所統治呢？受封的諸侯是兩手空空，還是大包小包拉著車到封地去呢？或是吃著火鍋，唱著歌就上任了呢？

目前我們所知，最完整的封建紀錄是西周早期的宜侯夨簋（夨，音同仄），受封的宜侯把周王封他治理「宜」地的命令鑄在〈宜侯夨簋〉上：（卜文中，口表示該處文字無法辨識）

**唯四月，辰在丁未，王省武王、成王伐商圖，省東國圖，王卜于宜，入土南鄉。王令虞侯夨曰：遷侯于宜，賜秬鬯一卣、商瓚一、口、弓一、矢百、旅弓十、旅矢千，賜土：厥川三百口，厥口百又廿，乎厥宅邑卅又五，厥口百又四十，賜在宜王人口又七姓，賜甸七伯，厥盧口又五十夫，賜宜庶人六百又口六夫。宜侯夨揚王休，作虞公父丁尊彝。**

周王將原封在虞地的虞侯夨改封到宜地，賜他美酒、象徵尊貴地位的瓚、代表天子授權的合法武力——弓矢，這些都是封建儀式的基本套路。

接著周天子告訴他受封土地的地點、人口：有河川、城邑、原屬周王室的人口、庶人等。宜侯改封的年代已經是西周早期中段之後，受封的土地上已經有直屬於周王室的人民居住，周王將這些人悉數轉移給宜侯，宜侯提著一卡皮箱即可入住。

只有宜侯這麼歡樂就國嗎？西周建國之初受封的諸侯又是怎麼受封的呢？《左傳》記

載衛國祝佗敘述周初封建的歷史：

**昔武王克商，成王定之，選建明德，以藩屏周。故周公相王室，以尹天下，於周為睦。分魯公以大路、大旂，夏后氏之璜，封父之繁弱，殷民六族：條氏、徐氏、蕭氏、索氏、長勺氏、尾勺氏。使帥其宗氏，輯其分族，將其類醜，以法則周公，用即命于周。是使之職事于魯，以昭周公之明德。分之土田陪敦、祝宗卜史，備物、典策，官司、彝器，因商奄之民，命以伯禽而封於少皞之虛。（皞，音同號）**

周天子封周公之子伯禽時，給他裝飾華麗的車馬、旗幟、玉器、良弓，各種官員與器物，以及六個殷貴族家族。他帶著這大隊人馬與周王的賞賜，前往千里之遙的曲阜建國。和時代稍晚的宜侯不同，伯禽受封的商奄一帶並不在周人的控制下，伯禽到這裡的目的就是建立據點。也就是說，伯禽大包小包帶著很多東西和人手，到了一個都是敵人的地方，從蓋房子開始。

他們有多辛苦呢？伯禽在曲阜苦心經營了三年，才終於能回老家向周公報告魯國已上軌道。但沒想到，伯禽雖然苦心孤詣打下魯國根基，位在魯國南方的徐戎、淮夷還是叛變了。不僅身為魯國國君的伯禽必須冒著生命危險在前線作戰，成王也率軍親征，「東伐淮夷，殘奄，遷其君薄姑」。前面說過，魯國統治的地域是商奄之地，這次的叛變顯然包含了魯國治下的區域，成王的征伐可說是將該地原居的族群連根拔起，才終於讓魯國周邊的情勢穩定下來。

與伯禽同時受封的姜太公，也是費盡苦心才使齊國首都營丘不再動盪。《史記》記載姜太公到封地去時，是連夜低調趕路，在黎明之際，眾人都還沉睡時抵達營丘。才剛安頓下來，鄰近的萊夷就興兵與姜太公爭奪營丘。所以史學家錢穆說，周人所謂的封建是武裝移民，受封的諸侯不是去領地享受各種高規格待遇，而是帶著軍隊到封地建立屬於周人的軍事基地。每個封國都是周王室戰略網上的據點，藉著各封國在封地的軍事擴張，周人才牢牢控制住東方的新領土。

## 小邦周的大棋局

伯禽、姜太公經營東方時，周武王也將商首都朝歌封給紂王之子武庚，以安撫殷商貴族，並且命令管叔、蔡叔監視這位前朝王子。管叔與蔡叔是周武王時受封，各領有管、蔡國。

除了伯禽、姜太公、管叔、蔡叔外，同時受封的還有召公之子，去了遙遠的北方燕國（參見本書第二十篇〈遠得要命王國的奠基者〉）。這是周人軍事擴張的第一步，先控制商人核心區，接著在可能控制區域的東端、北端定錨。

周初受封的管叔、蔡叔，大家都知道他們後來勾結前朝王子叛亂。管蔡之亂平定後，周王重新規劃了前朝王子的舊封地，派出了周武王的弟弟康叔建立衛國，封紂王的哥哥微子在宋國，這是第二波封建，沿著交通要道布置軍事占領區。除了往東與往北，往南推進的腳步顯然較慢，但也並非完全沒有動作，如曾國、蔣國就建立在黃河以南的戰略要地上。

周人封建國家的數量可能以百計，多到有一些封國雖然見於史書，但我們已經無法確知是在何時分封，如文王之子建立的曹國，武王之子建立的應國，周公之子建立的凡國、蔣國；還有些僅見於青銅器，史書沒說也不知明確地方的，如楊國。但大致可以推定，周人的封建是隨著軍事行動逐漸推進的，最重要、規模也最大的封建集中在武王、成王兩代之間，其後雖然還陸續有幾次建立新封國，但封建規模都不如周初。

雖然不能確定所有封國的封建時間，但可以從封國的位置判斷周人的戰略布局。齊、魯、燕是周初三位開國功臣受封的國家，三國連成周王朝最外圍的防線：燕國扼住往東北的通道，齊控制了泰山北麓的海線交通，魯則掌握泰山南麓與黃河四條支流。太行山東麓與西麓的交通幹道分別為邢、衛、凡與晉、芮（音同瑞）等國把守；出了陝西，往東的路線則有成周、曹國、宋國，往南則分別由應國、曾國與蔡國、蔣國鎮守。宋—蔣一線以東是淮夷活動區，終西周之世都沒有真正拿下這個地區。最後要說明，左圖僅標出較重要的以及周王室直系親屬建立的國家，實際上周人的封建網絡更加細密。可以說，周人在黃河流域及其南北側張開了一張緊密的控制網。

封建看起來是天羅地網，但只是在戰略要衝上建立一個個據點而已，對新領土細密的軍事與政治控制，並不是短時間可以達成。以山東半島為例，考古遺址表明，周文化對當地的影響在西周早期還不是很明顯，到西周中期才延伸到山東半島東部。這表示，西周早期周人雖然在政治上可能一定程度控制這個區域，但直到西周中期，周文化才深入這個區域，讓此地區成為西周國家真正意義上的一部分。

周人在控制區影響力的提升，不僅是諸侯之力，周王室對外部封

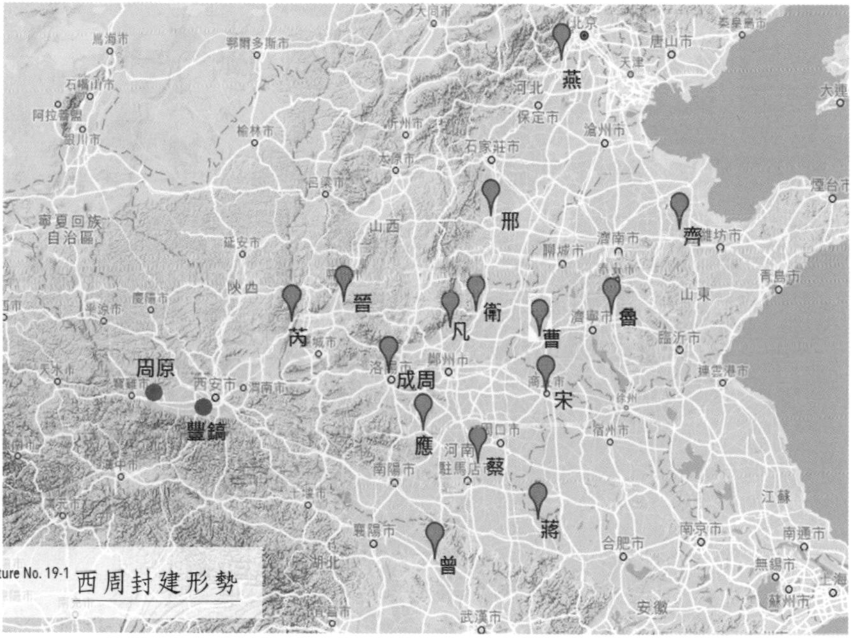


Picture No. 19-1 西周封建形勢

建諸侯的援助也很重要。以軍事活動來說，西周開疆拓土往往是周王徵用地方諸侯的軍力作戰，如〈晉侯穌鐘〉就是周王令晉侯穌（音同蘇）征伐宿夷。雖然周王室仰賴諸侯在各地開闢疆土，但王室並不是坐享其成，周王必須時時後援諸侯的軍事任務。例如〈小臣逨簋〉就記載山東半島的東夷大規模叛變，以地緣來說，魯齊兩國首當其衝，可以想像當時魯侯和齊侯都要備戰，但顯然兩國的力量無法控制叛亂的東夷，所以參與這場戰事的小臣逨記載伯懋父率領殷八師（直屬周王室的軍隊）平亂，一路打到海濱。

西周的封建體制並不是單純的領土賞賜，而是周人因應周初政治現實採行的政策。這個政策是中央王室在內與諸侯在外相互支援，同氣連枝，達成對中國北方的實質統治。因此西周才成為中國第一個落實地方控制的朝代。駐守封地的諸侯及其下屬，並不是耽溺享受的貴族，個個都是強悍的戰士，正是他們的剽悍與堅忍，造就了輝煌而為後世嚮往的西周王朝。

## 參考資料

許倬雲，《西周史（增訂本）》，北京：生活・讀書・新知三聯書店，一九九四年。

楊寬，《西周史》，上海：商務印書館，二〇〇八年。

任偉，《西周封國考疑》，北京：社會科學文獻出版社，二〇〇四年。

李峰，《西周的滅亡》，北京：生活・讀書・新知三聯書店，二〇〇九年。

# 20

# 遠得要命王國的奠基者

## 召公與其家族的二三事

這是個滿是謎團的男人。關於他的來歷，有很多傳言。我們對他的了解很少。只知道他是開國元老，只知道他驍勇善戰，只知道他位高權重。

國家有難當頭，周的精神領袖周公，只苦求他的諒解與支持。

這樣一個人，最後，被封往國境之北。

在著名的牧野之戰過後，周武王率領盟軍攻入商王都，開啟了中國史上對後世影響相當深遠的西周王朝。但是，就如同現實中，公主與王子結婚後並非立刻過著幸福快樂的日子，打贏了關鍵戰役的周武王，也不是馬上就龍袍加身，坐在王位上喊著「眾卿平身——」。相反地，打了一場勝仗的周武王，旋即要面對的是殷商故地深根難拔的舊勢力，以及東方和商王朝有密切關係的大小部族。要如何穩固周人的統治，考驗著武王以及他的統治集團。當然，其中最有名的是教科書上都會寫的曾經東征的周公，他不僅輔佐成王，還發動軍隊東征，平定三監之亂，使甫成立的西周國家真正地穩定下來。但是，今天要講的不是已經那麼有存在感的周公，而**是在西周初期也很有分量的召公。**

Picture No. 20-1

周人根據地周原、豐鎬二京，與最後的商都殷墟、周初作亂的奄位置示意圖。

## 遠得要命王國的成立

召公作為周初的重臣，大約是在武王時期嶄露頭角。傳說召公是文王的庶子，周公的庶兄，與周公、畢公等人協助武王攻克商都，於是武王封周公於魯，同時封召公於燕。勝利的果實在手，正是周人政治基業開展的重要時機，武王卻於此時與世長辭。這時的周人所憑藉的只有周原與豐鎬二都，還沒有全面掌握東方殷商貴族與舊部的勢力。武王伐商雖然成功，但可能僅取得首都的控制權，首都以外，殷商王室長期經營的地方勢力與分散各地的大小貴族，仍不在周人的控制之下。因此，武王與周公的兄弟——管叔與蔡叔被委以重任，輔助紂王之子武庚治理殷商舊地，召公與周公則一同輔佐成王繼續武王未竟之業。

在風雨飄搖的此刻，周公攝政引起了核心集團的分裂。但周公很快取得了召公與太公的信任，而遠在今日安陽的管叔與蔡叔卻選擇夥同武庚一起叛變。可以想見，這個時刻將有多麼艱辛：大戰方歇，東方的新領土還未完全順服，領袖遽然逝世，而繼位的幼主未能擔當重任，應當戮力同心的兄弟卻夥同東方的族群操戈相向。情勢如此險峻，周人甫建立的基業，隨時可能易手。於是，周公親自率軍東征，收服了殷商故地，在原地新建宋國與衛國，周公與召公於今日洛陽營建了東都雒邑，周王朝的東方得到暫時的平靜。但這並不是周王朝真正安定下來的時刻，直到成王親政後，剷除了位在山東的奄國，西周王朝才進入穩定發展的時期。

召公在周人建國之初的艱辛歲月裡，扮演非常重要的角色。他不僅是武王伐商時的左右手，也是周公東征之際留守大後方的可靠夥伴，後來更與周公共同營造了東都。《史記·燕召公世家》說，西周早期召公與周公共同治理國家。因為召公深得王室的信任，有很高的人望，所以成王將逝世之際，還託孤給召公。

作為三代老臣，召公的影響力應該是巨大的，但召氏一族在此後的歷史文獻上卻幾乎銷聲匿跡，大家都不曉得他們去哪裡了。直到周厲王時，召氏族長才又因保護年幼的宣王出現在文獻記載。和本部的情況相同，那個遠在北京一帶

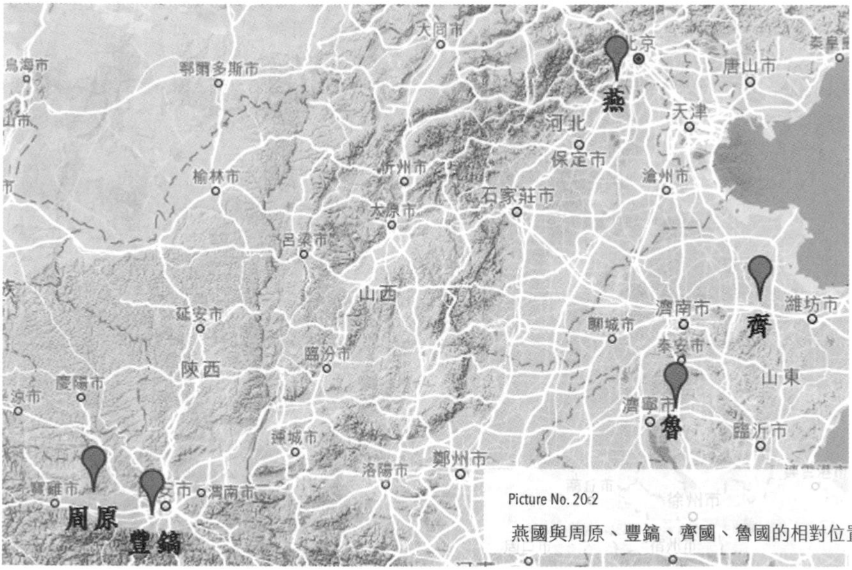

Picture No. 20-2

燕國與周原、豐鎬、齊國、魯國的相對位置。

的分支燕國，也消失在歷史舞台之中，直到第九代的燕惠侯為止，才又重回世人眼前。

燕國不僅遠得要命，還遠到和本部失去了聯繫。

## 父子兄弟大亂鬥

難道這個消失的燕國就沒有留下任何蛛絲馬跡嗎？數件青銅器的出土為模糊不清又謎團重重的燕國歷史帶來了一絲曙光。

燕國故城與一片西周時期的墓地在北京西南的琉璃河鎮被發現，編號一一九三的墓葬出土了兩件「克」所做的青銅器，銘文大致相同：

Picture No.20-3 克罍與克罍銘文

**王曰：大保，唯乃明乃心，享于乃辟。余大對乃享，命克侯于燕。旃羌、馬、䖒、雩、駿、微。克里燕，入土眔厥𤔲，用作寶尊彝。**

青銅器上的銘文說，燕國的第一代封君名字是克，他因為太保有功才受封。太保就是召公，也就是說，武王封召公於燕，但真正到燕國去，成為第一位燕侯的則是克。比照周公封魯是由嫡長子伯禽赴任的例子，克應該是召公的嫡長子。

釐清召公與燕侯克之間的關係，卻引來另一個問題。另一件燕侯器這麼說：

**燕侯旨作父辛尊。**

這件〈燕侯旨鼎〉的年代是西周早期，是某一代名為旨的燕侯做給他的父親「辛」的祭器。*這位燕侯旨與他名為「辛」的父親是誰呢？他們與召公和燕侯克有什麼關係呢？

這個問題牽涉到另外兩個人所做的青銅器，分別是憲和龢（音同合）。〈伯龢鼎〉與〈憲鼎〉、〈伯憲盉〉這麼說：

**伯龢作召伯父辛寶尊鼎。（〈伯龢鼎〉）**

**唯九月既生霸辛酉，在燕。侯賜憲貝、金，揚侯休，用作召伯父辛寶尊彝。憲萬年子子孫孫寶。光用大保。（〈憲鼎〉）**

**伯憲作召伯父辛寶尊彝。（〈伯憲盉〉）**

憲與伯憲應該是同一人，伯龢、伯憲所鑄銅器都是西周早年樣式，兩人活動時間相去不遠，他們都做了器物給名為「辛」的父親，他們的「父辛」都是召氏族長（「召伯」是對召氏族長的稱呼），伯憲甚至曾經受到燕侯的賞賜。他們的「召伯父辛」與燕侯旨的「父辛」是同一人嗎？

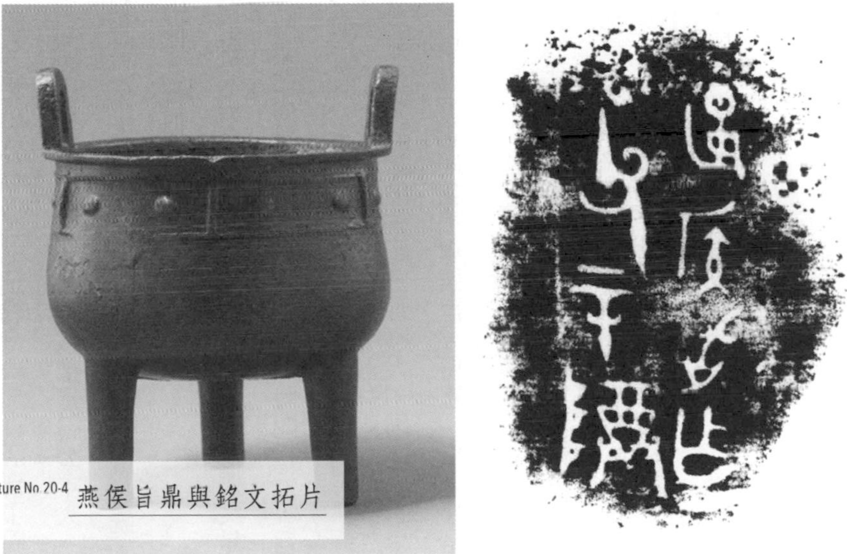

Picture No 20-4 燕侯旨鼎與銘文拓片

燕國是從召氏分封出去的，第一代燕侯克的父親是召公。歷史記載召公一直活到了周成王的兒子康王時期，非常長壽，這表示，至少到西周早期中段為止，族長都是召公本人。第二任召氏族長「召伯」年紀可能與伯龢、伯憲相當，不太可能是這兩人的父親。也就是說，伯龢與伯憲的父親只有一個可能，就是召公。因此，召伯父辛就是召公。

這位召伯父辛既然是召公，那麼燕侯克與伯龢、伯憲就是兄弟。但燕侯旨與他們又是什麼關係呢？已知首位燕侯是克，燕侯旨與克同屬西周早期人物，兩人活動時間相近，旨應是緊接著燕侯克的第二代燕侯。西周早期另有一件〈燕侯旨鼎〉說燕侯旨到宗周見了周王，已經可以擔當政治責任，並非幼主即位，與燕侯克的年齡差距應當不大。因此，有學者認為，兩位燕侯並不是父子，而是兄弟。也就是說，燕侯克、燕侯旨、伯憲、伯龢都是召公的兒子，燕侯克與燕侯旨是兄弟相繼成為燕侯。

伯憲與伯龢的關係是難解的問題。「伯」表示排行老大，是接任族長的人。雖然兄弟相繼接任族長是可能的，但不可能同時有兩人都是老大。對此，學者們並沒有比較確定的解釋，只能猜測伯憲、伯龢其中一人可能從召氏本宗分離出去，另外成立一支新的家族，因此也可以被稱為「伯」，表示他是新家族的族長。

如果我們採用上述的說法，可以得出這樣的一張關係圖：

召公（召伯父辛）
- 燕侯克
- 燕侯旨
- 伯憲
- 伯龢

因為上述的青銅器，有些問題得到了釐清：召公雖然受封，但沒有前往就任，代替他前往燕國的克，可能是他的嫡長子，因此召氏和燕國才會並存，召公才能一直留在陝西；留守本部的召氏，很可能已經有分支。但正如前文已經說明，這只是學者們諸多見解中的一種。

## 遠方的燕侯都在忙什麼？

北方的燕國為什麼會被封到那麼遠呢？

可能是為了監控與商王朝曾有聯繫的北方民族。傳說紂王的叔父箕子曾避走朝鮮，而燕國所在的位置正好可以控制商故都安陽與東北部族的往來。

後來的燕侯怎麼了呢？

可能有讀者已經發現了，講來講去，似乎都只是在講召公和他的兒子們，他的孫子呢？很可惜，我們還不清楚他的孫子是誰。或許前面提到的燕侯旨、伯龢、伯憲中有人是他的孫子，也可能他們都是他的兒子。有太多的問題弄不清楚，但手上的史料太少，故事只能說得這麼殘缺不全。假如哪一天又出現驚人的新資料，研究者們又要快樂地抱著頭燒吧！

**註釋**

* 以天干稱呼死去的祖先，如「辛」，是商人的習慣，這個稱呼和祭祀有關，學者們一般稱為「日名」。使用日名是商人的習慣，但使用者可能不只嚴格定義下的商人，包括了受到商文化強烈影響的某些族群。目前的研究指出，除了少數不易解釋的例外，姬姓周人基本上沒有使用日名的習慣。

**參考資料**


陳夢家，《西周銅器斷代》，北京：中華書局，二〇〇四年。

李學勤，〈克罍克盉的幾個問題〉，收入《第二屆國際中國古文字學研討會論文集》，香港：香港中文大學中國語言及文學系，一九九三年。

朱鳳瀚，〈房山琉璃河出土之克器與西周早期的召公家族〉，收入《遠望集——陝西省考古研究所華誕四十周年紀念文集》，西安：陝西人民美術出版社，一九九八年。

任偉，《西周封國考疑》，北京：社會科學文獻出版社，二〇〇四年。

陳絜，《商周姓氏制度研究》，北京：商務印書館，二〇〇七年。

# 21

# 因為相愛，所以相殺

## 周王朝與鄂國的恩仇之路

聽著士兵回傳的戰報，周天子只是沉默著，不發一語。他不敢相信，也無法想像，那日還一同喝酒射箭的鄂侯馭方，竟然就這麼背叛了自己！什麼百年臣服、君臣邦誼，那永遠不變的海誓山盟，如今聽來不過是樁笑話。他曾深深相信的那張臉孔，如今想來卻是那樣模糊，究竟是什麼時候開始的呢？那日，鄂侯馭方還為了見他一面，特地風塵僕僕趕來，沒想到，才轉過身去，居然和周邊的淮夷勾搭上了，眼下竟敢聯手攻打周王朝！既然如此，也莫怪我不留情了，這樣令人憎恨的背叛者，我得不到你，那麼只能選擇毀了你……

鄂國，其實是一個位於周王朝的南方國度。它的存在時間不算很長，史籍記載也有限，然而這個只存活到西周晚期的諸侯國，卻是周王朝非常重要的政治夥伴，不僅對周天子控制南方淮夷諸國有著舉足輕重的影響，國君鄂侯的態度更常讓周天子又愛又恨。

在認識鄂國的歷史之前，先來看看它是以怎樣的面貌出現在青銅器上：

（噩）

銘文中的「噩」國，就是史籍所見的「鄂」國。關於這個國度，史書的記載並不多，學者光是認定鄂國的具體位置就有許多不同看法，據說先秦地名為「鄂」的，至少有三個地方：首先是晉國國土（今山西省）內的鄂地；其次為東鄂，在今湖北鄂州；其三為西鄂，在今湖北隨州。雖然歷史學家無法從史書中認識鄂國的歷史，不過幸好這個遺憾能藉由出土文物補足，隨著各種傳世、出土的鄂國青銅器及銘文，我們不僅更深刻地認識了這個國家，同時也揭開了一段它與周王朝不為人知的相愛相殺故事。

目前所見時代最早的鄂國青銅器屬於西周早期，除了少數傳世器外，主要就是在湖北隨州安居羊子山四號墓室出土的約二十件左右的青銅器。這不僅使我們得以知曉鄂國的具體位置，還能從銘文內容知道，有能力製作這些青銅器的人除了鄂侯之外，還包括鄂侯的弟弟曆季、鄂仲、鄂叔等貴族，只是這些銘文大多不長，主要標明作器者的名字，此外沒有更多的資訊。不過有趣的是，鄂國青銅器的形制、紋飾卻十分特別，令人印象深刻。例如圖21-1所示的〈神面紋卣〉（卣，音同有），正是出土於湖北隨州羊子山，它的造型相當奇特，不同於青銅器常見的獸面紋、鳳鳥紋，而是以半浮雕方式勾勒出一個似人似獸的面貌，其鼻翼到面部明顯隆起、眼部結構近似人目、表情生動醒目，布滿整個器物主體部分，使其眼、耳、鼻、角等器官也相當具有立體感，彷彿是一張微笑的臉。正因如此，這個〈神面紋卣〉又被稱作「來自千年前的微笑」，它好像永遠對著你笑，

Picture No.21-1〈神面紋卣〉

笑得你心裡發寒。

不過並非所有鄂國青銅器都看起來如此神祕詭異，也有非常符合宗周時尚的青銅器，像是傳世器〈鄂叔簋〉的造型就十分經典，與其他西周早期的方座簋沒有太大差別，唯一較有巧思的部分，是〈鄂叔簋〉方座底下還綴有一個可愛的小鈴鐺呢！總而言之，此時鄂國製的青銅器除了保有自己特色的〈神面紋卣〉，也有受到宗周文化不小影響的〈鄂叔簋〉。

不難想見，這個最遲在西周早期就已成立的邦國，不僅有著自己的青銅作坊（製青銅器的工作坊），同時也有獨特的地方文化。此時的鄂侯大概很受周王室信賴，因此奉命扼守湖北隨州這個南方重鎮，一方面為周王朝監控著淮夷（當時的外族），另一方

Picture No. 21-2 鄂叔簋及其底座下的小鈴鐺

面也從周王朝接受各種支援。

鄂國與周王室的好感情一路延續到西周晚期，我們從一些青銅器銘文可以看出雙方交流越來越密切，感情越來越深厚。例如：〈鄂侯簋〉就提到「鄂侯作王姞媵簋，王姞其萬年，子子孫孫永寶用」（媵，音同映），銘文中的「王姞」是指嫁給周王的姞（音同吉）姓女子，而鄂國正是姞姓，因此從這裡可以知道，周王室與鄂國曾經通婚，鄂侯將該國女子嫁給了周王。這個通婚紀錄，不僅顯示兩方之間堅固的情誼，也可以看出周王室正是利用這樣的手段攏絡鄂國，並借助它的力量繼續控制附近的淮夷。

周鄂兩方的交好，絕非尋常的通婚、使節往來，而是兩方首領的高峰會談，最經典的例子還是大家津津樂道的〈鄂侯馭方鼎〉。這是由鄂國首領鄂侯命令製作的青銅器，銘文內容提到周天子南征角、遹（音同遇）二國，回程途中鄂侯馭方特地趕來晉見周王，並奉納了寶壺、舉行祼禮，鄂侯馭方不僅全

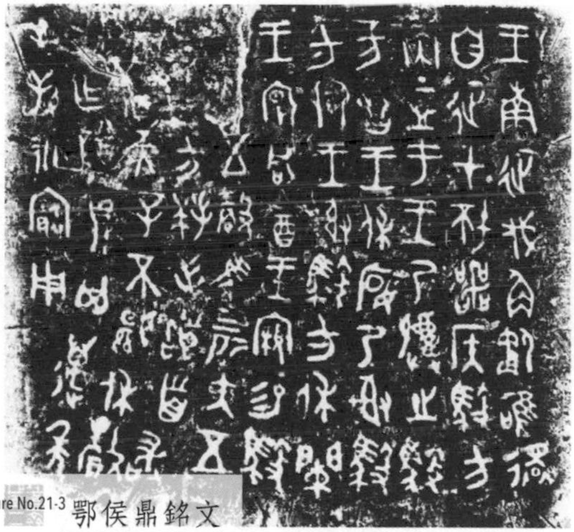

Picture No.21-3 鄂侯鼎銘文

程陪著周王，兩人還一同射箭、飲酒，多麼和樂融融呀！這場見面會讓周王很是開心，賞賜了許多美玉、馬匹和箭矢，而鄂侯馭方也為了紀念這件事特地鑄造青銅器，以宣揚周天子的美好。值得注意的是，在目前所見的諸侯國青銅器中，很少看到像鄂侯馭方這樣備受周王禮遇的諸侯，從這裡不但可以看到兩人情比金堅的模樣，更能深刻感受到，在西周晚期動盪不安的局勢下，周王朝必須維持南方的相對穩定，因此對周王而言，鄂侯馭方是一個多麼不可或缺的重要存在。

然而政治上沒有永遠的敵人，也沒有永遠的朋友。好景不常，這位深受周天子倚重與愛護的鄂侯馭方，竟在不久之後狠狠地背叛了王朝，更導致雙方從此走上決裂的道路。

鄂國被滅的事件始末，被清楚記載於一九四二年陝西扶風出土的〈禹鼎〉銘文。根據內容可知「鄂侯馭方率南淮夷、東夷、廣伐南國、東國，至于歷內」，看來鄂侯馭方聯合了周邊的南淮夷、東夷（當時位處東南方的外族）對周王朝的南方及東方發動總攻擊，甚至打到歷內一地。我們不難看出周、鄂兩方關係的破裂，也可以預見周王室即將採取什麼樣的態度面對此種狀況，究竟是什麼原因讓鄂侯馭方改變對周王朝的態度？我們目前還不得而知，唯一可以知道的是，已經變質的感情是再也回不去了，而鄂國更在此敲下第一響被滅的喪鐘。

周天子聽聞這個狀況，自然是震怒不已，因此「王迺命西六師、殷八師曰：翦伐鄂侯馭方，勿遺壽幼。」西六師與殷八師是周王朝建立以來最重要的兩支官方軍隊，面對鄂侯馭方所發動的總攻擊，周天子也毫不猶豫地全力反抗，並且對軍隊下達了最為凶狠的命令——「翦伐鄂侯馭方，勿遺壽幼。」壽幼就是指老幼，勿遺老幼即趕盡殺絕的意思。由此可見，周天子內心是如何憤怒，不僅要軍隊拿下鄂侯馭方的項上人頭，更要對所有相關人士趕盡殺絕。可惜日薄西山的周王朝軍隊居然「弗克伐噩」，無法拿下周天子這個心頭大患！

幸好，本器的器主「禹」和他的上司「武公」奉命率軍前往協助西六師及殷八師。經過一場激烈的決戰，最後他們順利完成了周天子的命令，「至于鄂，敦伐鄂，休，獲鄂侯馭方」。不難想見，周王朝的

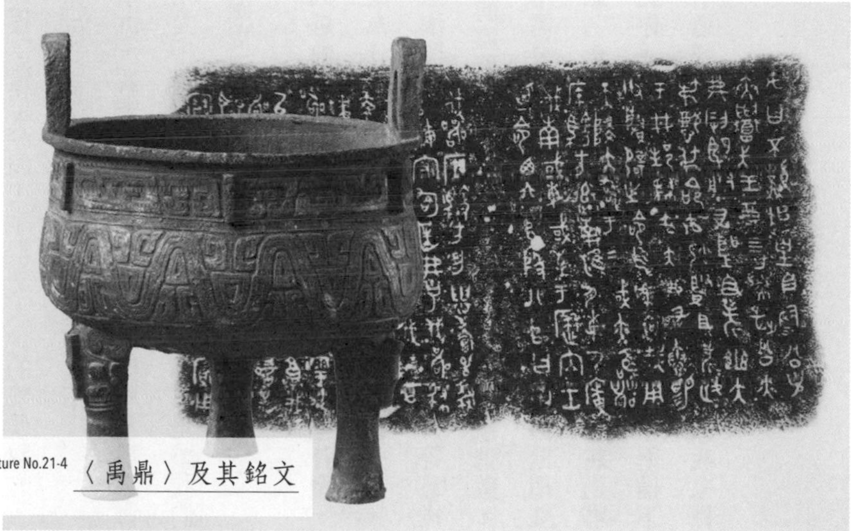

Picture No.21-4 〈禹鼎〉及其銘文

軍隊攻破鄂國城池之後可能屠殺了居民，同時抓獲了這位令周天子恨之入骨的鄂侯馭方，而隨著〈禹鼎〉最後器主讚頌武公的言辭，鄂國也從此走入了蒼茫的歷史洪流之中。

儘管周王朝與鄂國這段糾纏數百年的恩怨情仇，並未被史籍記載下來，但幸虧鄂國青銅器的陸續出土，讓我們得以勾勒出這麼一段相愛相殺的故事。當然，重點不只是讓我們認識到鄂國的歷史，更進一步了解周王朝是如何跟周邊國度相處以及對話。

**大堂上，周天子哀傷又困惑地看著被五花大綁的鄂侯馭方，他期待對方辯解些什麼，可惜只撞進一道冷到不能再冷的眼神。到底為什麼這麼做？在這局勢混亂的日子裡，為什麼連你都……他想問，卻無論如何也無法開口，眾人沉默地凝視著他，只等最後一道命令的下達。他猶豫了許久，前些日子的震驚、憤怒與絕望，此刻早已隨風消散，倘若能聽到一聲辯解或道歉，也許事情並不需要走到那一步。然而，對方始終緊閉雙唇，靜靜地不發一語，終於他輕輕嘆了口氣，走下台階，彷彿什麼事也沒有地越過鄂侯馭方，是了，既然你心意已決，那麼從此你我兩不相欠，他背著他，舉起手準備下達那道令人痛心的命令，這時，耳邊傳來一道輕輕的聲音，英雄讓你當，壞人我來做就好了……**

# 參考資料

張昌平，〈噩國與噩國銅器〉，《商周時期南方青銅器研究》，北京：商務印書館，二〇一六年。
張昌平，〈論隨州羊子山新出的噩國青銅器〉，《商周時期南方青銅器研究》，北京：商務印書館，二〇一六年。
黃天樹，〈禹鼎銘文補釋〉，收於張光裕、黃德寬主編《古文字學論稿》，合肥：安徽大學出版社，二〇〇八年。

22

# 沉沒是今晚的漢江

## 昭王南征不復之謎

在許多討論歷史的文章中，最容易流傳的，莫過於各式各樣的陰謀論。論者無不說得玄乎其玄，彷彿有某個家族主宰了世界的變化，或者是看似毫無頭緒的事件，其實是某人的一盤大棋局之類。而在上古時代的中原，就曾發生過一件大事，震驚整個周王朝，但事件的真相撲朔迷離，導致眾說紛紜。到底是什麼事件呢？正是西周第五位君王——周昭王南征不復之謎。

周天子，是周王朝至高無上的存在，他上承天命，統治萬邦，一旦發布詔令，諸侯奔命，整個世界都會為之震動。然而，有這麼一位天子，未能在王宮內壽終正寢，而是在冰冷的漢水裡殘酷地溺死。這個人，就是周昭王。

他承接了父祖打造的輝煌基業，本可做個太平天子，但到底是什麼樣的敵人，驅使堂堂周天子從溫香軟玉的宮室走向蠻荒危險的南國領地？又或者溺死並非真相，而是中了埋伏戰死沙場？又或是因南國異樣的環境，使周天子水土不服而死？是陰謀詭計？大意輕敵？這一切在傳世的古書裡，都找不到答案，儘管有人指認疑犯，卻始終沒能釐清真相。那麼第一手的文物資料呢？在西周出土的青銅器上，能否看見謎團的一絲曙光？就讓我們看下去。

## 漢江殺機？

周昭王，是康王之子，繼承父祖打下的天下。國家承平，政治穩定，但他卻決定南向討伐未知的領域。針對昭王南征一事，我們僅能依據傳世文獻鳳毛麟角的記載，盡可能拼湊各種線索，並在此基礎上進行推測。

在傳世文獻中，關於西周歷史的記載本就不多。實際見諸文字的重大史事記載，僅見於《國語》、《左傳》、《呂氏春秋》等典籍保留的隻字片語。

在這些隻字片語中，大多數都記載了一件事：「昭王南征而不復。」只是細節方面有所差異，足見這並非虛構的傳說，而是當時震動人心、代代相傳、不可磨滅的大事件。

自從武王克商，周公平定管蔡之亂後，歷經成王、康王的開闢經營，周王朝度過一段黃金時代。俗話說：「富不過三代」，至昭王時，周人輝煌璀璨的黃金時代似乎步入尾聲，《史記‧周本紀》言昭王的王道有缺失，又說昭王南巡打獵回不來，死於江上。戰國時的《古本竹書紀年》記載周昭王十六年，討伐楚荊，越過了漢水，遇上大兕（兕，音同似，聖水牛）。過了三年，將周王朝精銳的「六師」賠在了漢水上，自己也回不來。更玄的是，《古本竹書紀年》說喪六師於漢水的那年，天有異象，在夜晚竟有五色光貫串紫微星。

更晚一點的西晉史書《帝王世紀》則對昭王南征之事有更加戲劇化的記載。它提到昭王南征之初相當順利，渡過漢水時，御舟被人動了手腳，船板接處改以膠密合，膠遇水即溶解，行至半渡，船體瓦解，昭王也因而溺死。昭王的遺體被「長臂且多力」的衛兵「辛游靡」從河中撈起，送回鎬京。

以上大概是早期文獻所見關於「昭王南征不復」的相關記載。它們的共通處都是昭王有南征楚荊，並在漢水上死去。但究竟是意外，還是另有陰謀，則有不同的說辭。事實上，晚出的史書未必可信，但我們也不能一味地將它們打入冷宮，由於事件的傳播途徑很多，官方說法雖然較可靠，但野史亦有可取之處。

## 為國捐軀？

我們從史書上看到了多種說辭，但想釐清南征之謎還有很長的路要走。幸好，幾件有銘文的青銅器提供了不少線索。

〈𣪕甗〉記載昭王派遣貴族「中」作為先發部隊前往「緐」這個地方，為同年伐虎方做準備。〈中方鼎〉記載南宮伐虎方取勝，昭王又命「中」安排周王南巡事務，中奉命視察南方的道路，並建設昭王行宮。這些銘文顯示昭王南征時已對一些南方領土超前部署。

「緐」這個地方可不簡單，是西周時期「金道錫行」交通線上的重要節點。「金道錫行」指的是青銅物料生產運輸路線，在青銅器時代，這可說是王朝興衰的命脈。

古代中國南方盛產銅礦，如湖北大冶銅綠山已確認在先秦時期為銅礦產地，此外長江沿線尚有江西瑞昌銅嶺遺址、安徽銅陵銅官山及南陵等地產銅，有理由推測昭王南征可能是為控制銅礦。* 只要控制住銅料產銷路線，周人就可以獲取穩定的青銅資源，用於鑄造兵器、生活用品、祭器與禮器。

除了控制青銅資源外，也有學者認為，昭王南征不為銅礦，而是為了征服土地。眾所

周知，周王朝廣泛實行封建制度，曾經兩次大規模分封諸侯，將許多姬姓、姜姓之親族、

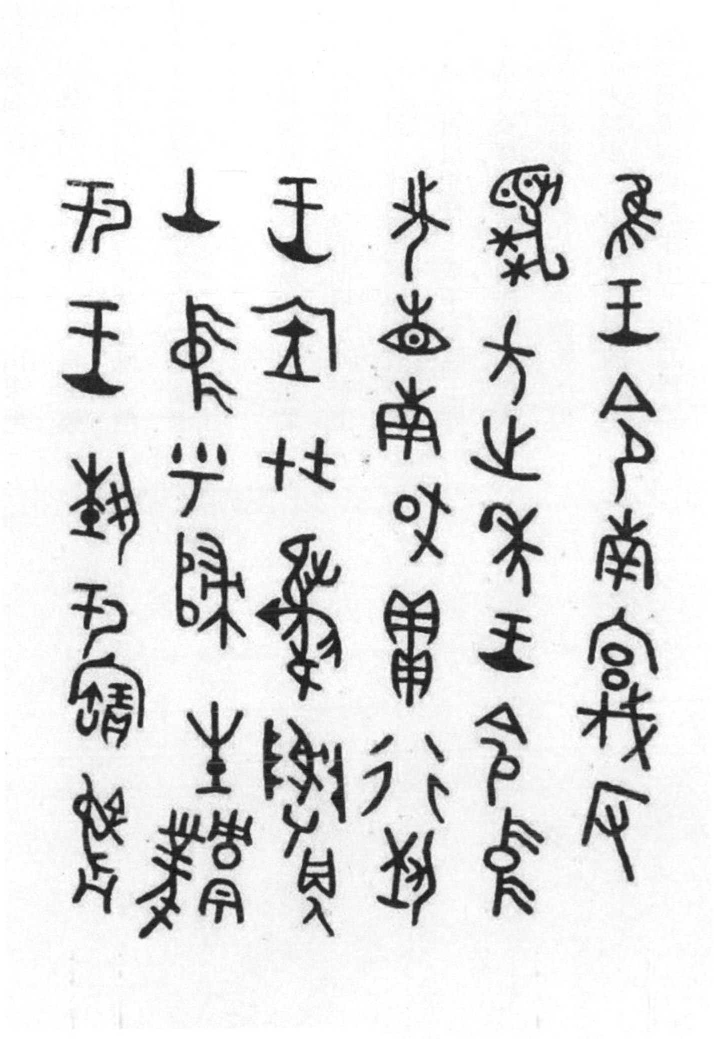

Picture No.22-1 〈中方鼎〉銘文摹本

功臣分封至今天的河南、山東地區，以加強對殷墟故地、東夷的控制。封建雖有論功行賞的意味，但藉由廣設分號，由遠至近，可層層保衛王室。

封建雖然方便於統治，但這個制度得以持續推行的前提是得有土地可以分封，才能以賜地換取臣下的忠誠。可以想像，成王至昭王歷經三代，養尊處優妻妾成群的貴族必然繁衍甚眾。貴族越來越多，但土地越來越少，王室所掌握的土地一點一滴流到貴族手中。除非持續開疆拓土，不然王朝無法持久。

因此周昭王必須想辦法獲取土地，而向南擴張成為一個選項。當

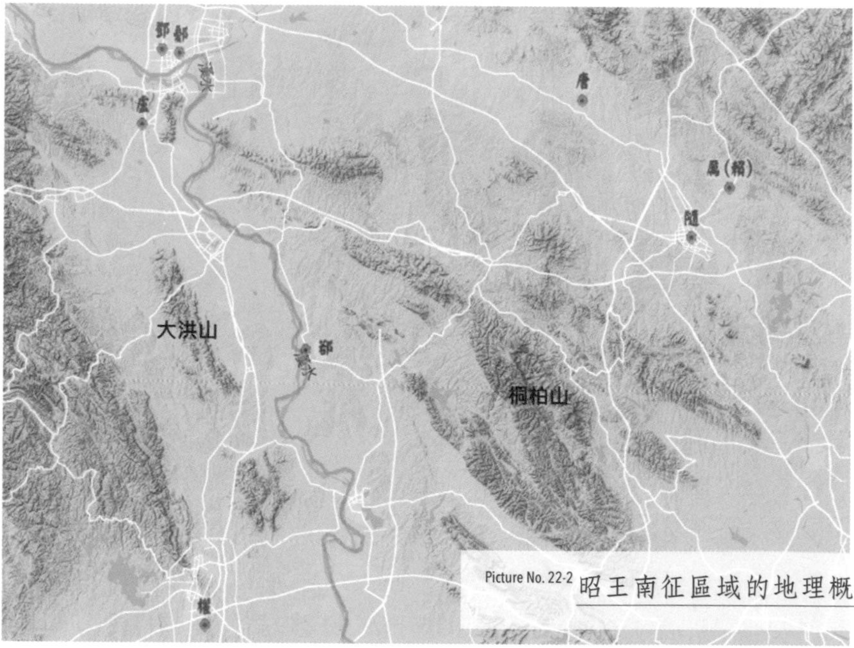


Picture No. 22-2 昭王南征區域的地理概況

然，現實往往不會是那麼片面的單選題，土地與銅料，昭王可能全都想要。

南征的原因稍微有點眉目了，而綜合史書與銅器銘文提供的線索，顯示昭王可能先後兩次南征，第一次南征凱旋而歸，不料周人先勝後敗，第二次戰爭遭受沉重打擊，親征的昭王死於南征之途。

儘管如此，史料的缺漏使許多環節難以釐清。我們不曉得南征具體的進軍路線，到漢水可以從西安出發，也可以從洛陽出發，昭王究竟選擇何者呢？還有，周人討伐的「楚荊」是春秋時代興起的楚國嗎？可是楚國的先祖熊繹（音同易），曾被周成王冊封，怎麼叛變了呢？還是楚荊是漢水流域各部落的泛稱，此楚荊非後世的楚國呢？這場漢水殺人命案，誰是凶手？作案過程如何？還有許多未解之謎。

## 餘波盪漾

事過境遷，物換星移，一直到春秋時代這件事仍然是不解之謎，一方面因為史書記載不明，另一方面，當時人也對此「近代史重大事件」有不同看法。這件事在一場外交談判中再度被提起。齊桓公帶領會盟的諸侯聯軍，與楚成王對峙，企圖壓制楚國的氣焰，不過，因為齊、楚雙方都沒有必勝的把握，不願全面開戰，於是便上了談判桌。齊桓公作為盟主，理應找些冠冕堂皇的理由向楚國問罪，但實際上桓公除了指出楚王沒有定期給周天子包紅包外，只提出要追究「昭王南征不復」一事。不過，此事已距當時三百多年，是楚人的祖先幹的也好，不是也好，人事已非，上哪去找凶手啊？

楚使大概心裡清楚，對方在打假球，實際上就是想找個台階下，讓自己有個體面的理由退兵，就說缺的紅包以後會連本帶利通通補給周天子，但「昭王」這筆帳不干楚人的事。周昭王既然死在漢水，怎麼不去通靈一下問問漢水之神誰是凶手呢？換句話說，《古本竹書紀年》所說昭王討伐楚荊，死於漢水沒回來，春秋時代的楚人只當作旅遊意外，與楚國無關。

最終，誰也沒有想要為昭王討個公道與真相。華夏諸國的霸主齊桓公既然賺到了面子，自然接受楚國的說辭，諸侯聯軍與楚軍各讓一步，皆班師回國，各自進行政治宣傳，讓這件震驚中原的大事，繼續成為許多好事者的談資。

儘管我們未能完整揭露昭王南征不復的真相，但從青銅器的資料中，推測出昭王南征的政治意圖，在於獲取土地與銅料。這反映了周王朝曾為運行封建制度煞費苦心，甚至折損一代君王，喪盡兵馬。然而，也可以看得出來，周王朝並未因昭王的驟逝而亡，它的封建體制仍然運行了數百年，才在秦帝國的強勢驅逐下走出歷史舞臺。

**註釋**

*可見〈晉姜鼎〉、〈曾伯簠〉之銘文。

**參考資料**

唐蘭，《西周青銅器銘文分代史徵》，北京：中華書局，一九八六年。

徐少華、晏昌貴編，《荊楚歷史地理與長江中游開發》，武漢：湖北人民出版社，二〇〇九年。

尹弘兵，〈地理學與考古學視野下的昭王南征〉，《歷史研究》二〇一五年第一期。

雷晉豪，〈征服與抵抗：周代南土的政治動態與文化轉型〉，臺北：國立臺灣大學歷史學研究所博士學位論文，二〇一四年。

23

# 跳船啦！

## 西周晚期的政治危機

俗話說「樹倒猢猻散」、又說大難臨頭各自飛，儘管曾經斬雞頭立誓要團結在一起，但災難來臨時，「風雨同舟」經常淪為一個笑話，人人爭相跳船。

自古以來，這種事情就不在少數，而在西周王朝滅亡的前夕，有些人已經感覺到凜冬將至，他們是如何花式跳船的呢？

## 王叔的落跑計畫

文獻中時代較早且記錄較完整的「跳船」的事件，就是西周晚期的一連串政治危機。周宣王雖然力挽狂瀾，一度改善眼前狀況，甚至史稱「宣王中興」，卻無法扭轉西周政權的沒落。周幽王繼位後，朝中的有識之士更預見周王室黯淡的未來，紛紛討論該如何跳船逃跑，而這個討論可以在《國語．鄭語》看到：

**桓公為司徒，甚得周眾與東土之人，問于史伯曰：「王室多故，余懼及焉，其何所可以逃死？」**

鄭桓公是鄭國的開國之君，也是周厲王其中一個兒子，宣王的弟弟，幽王的叔叔。他在宣王時受封於鄭，幽王八年時擔任司徒，從《國語．鄭語》的紀錄可以看出，鄭桓公不僅出身高貴，權位顯赫，且廣結善緣，在朝廷與東方都頗得人民信賴。然而這樣一位大人物，居然擔心王室一旦發生變故，自己將不得善終，只好向史伯求教於該逃往何處。

史伯作為王室的史官，學識淵博，也不諱言周王朝已經沒救，很迅速地向桓公分析了天下形勢。他不但預言東土、西土有那些族姓、諸侯即將崛起或衰頹，也討論了幽王主政後，朝廷政爭最終的走向。大家想想看，如果聽到兩位中央政府官員在討論「我該移民到哪一國去呢？」「這個國家看起來是完蛋了，你可以考慮物產豐盛、地形理想的地方重新開始。」這不是一件非常恐怖的事情嗎？可見當時西周政權的崩潰已是大勢所趨，逼得像皇親國戚等級的鄭桓公，開始考慮如何離開權力核心，找好跳船之後的落腳處。

雖然從結果來看，鄭桓公沒能逃過西周最後的那場災難，他與周幽王皆死於犬戎攻陷鎬京之時，不過桓公的兒子鄭武公卻能順利移居至東土建國，孫子鄭莊公也在春秋早期的國際局勢中，扮演著舉足輕重的地位。這表示鄭桓公自己雖然沒能跳船成功，但他的未雨綢繆，讓整個家族的政治生命能在東方得到延續。

## 危機四伏

看到這裡，大家一定有個疑問，西周王朝晚期到底是多麼令人絕望，讓身分尊貴的鄭桓公也決定遠走高飛？

《詩經》部分詩篇記錄了周王朝此時的風雨飄搖。首先，當時都城所在的渭河流域開始天災不斷，像是地震、山崩、水災、乾旱什麼都來，《詩經・小雅・十月之交》提到「百川沸騰，山冢崒崩。高岸為谷，深谷為陵」。古代伴隨天災的下一波衝擊就是飢荒，《詩經・大雅・召旻》就描述此時饑饉、國內空虛的慘狀。天災加上飢荒往往考驗著執政者穩定人心的力量，然而禍不單行的是，此時的周王室還面臨長期存在的外患問題。

外患指的是來自西北的族群玁狁。周厲王時期，他們不斷威脅著周人的心臟地帶，造成執政者莫大的壓力。玁狁可能來自陝北的固原地區，往往沿著涇河谷地南下侵攻周人。《詩經・小雅・六月》記錄了玁狁行軍經焦穫、方、鎬、涇陽攻擊周人，而周人反擊，追至陝北的過程。這首詩歌最後雖然是以周人的勝利告終，但也顯示敵人已經打到了家門口。軍事行動雖然互有勝負，可是周人似乎無法徹底擊敗玁狁，改變被攻擊的劣勢。雪上加霜的是，周人控制下的漢水流域也是動盪不安（參見本書第二十二篇〈沉沒是今晚的漢江〉）。

大家看到這裡，是不是也為周王室感到十分不妙？西周晚期，周人不僅面臨西北、東南的外患，執政團隊內部也發生嚴重矛盾，令每一任周王都感到相當頭痛。像是周厲王也想力圖中興，所以採取了較為激進極端的改革手段，但最終的下場就是被國人驅逐。周宣王繼位後，持續力圖振作，內政部分也收到一定的成果，卻無法徹底擊敗西北面家門口的外敵。即使南土的征戰獲得勝利，分封申國於江漢一帶，仍無助於重振國勢、維持統治階層內部的團結。事實上，這些根深柢固的政治問題，即便周公再臨也難以解決。

這一連串的內憂外患，讓西周上至貴族下至小民苦不堪言。貴族們成天思量著如何打包行李，趕緊走人，小官吏們則是苦於上司無心政事，只會搞鬥爭，自己卻永遠有加不完的班，吃不飽的飯，更慘的是還沒有錢移民。這時西周王朝的人民，各個都覺得自己住在鬼島，覺得厭世，天天想跳船。

## 西周是如何滅亡的？

相信很多人都熟悉周幽王烽火戲諸侯導致西周滅亡的故事。事實上，讓西周政權崩潰的直接原因是犬戎攻陷豐、鎬，而此事與周王室當時內部的繼承問題有關。

周幽王打算廢掉嫡長的太子宜咎，改立褒姒的兒子為太子，而這個任性的決定違反了西周王朝的繼位傳統，嚴重影響了周王室權力核心內部的和諧。宜咎的外公是申侯，而歷代申侯皆為朝廷重臣，在周王朝的西部很有影響力，可以號召西方部落。幽王的王后正是當時申侯的女兒，因此廢掉太子宜咎，形同削弱申國在朝廷的勢力。面對這樣的政治打壓，宜咎與申侯不會坐以待斃。最終，他們聯繫犬戎進攻豐、鎬，終結西周王朝，直接導致後來的周王室東遷。

換太子這個任性的決定造成了申侯與朝廷之間的矛盾，使得西周晚期的政治局勢更加險峻，執政團隊內部衝突不斷，加以天災頻仍，都是促使王朝覆滅的因素。就連作為王叔的鄭桓公，不但不想辦法拯救周王室於水深火熱之中，反而企圖跳船，說明周王室已經風雨飄搖，大勢已去。

## 終結與開始

相對於鄭桓公汲汲營營替自己的族人安排未來，還有另一群人的命運也深受西周崩潰的影響，那就是後來統一天下的秦。秦人先祖原先為周人在西北（今甘肅禮縣、清水縣）的附庸，隨著西北邊境局勢日益緊張，秦的地位顯得更加重要。比較鄭桓公與秦先祖的出身背景，前者無疑位高權重，有充裕的資源能事先安排族眾移民至東方落腳。而後者地位低微，毫無逃離險境的機會，僅能繼續替周人守邊，甚至在西周崩潰後，孤懸於戎狄環伺之間。

不過危機也意味著轉機，無法脫離困境也不代表只能坐以待斃。僻處西隅的秦在後來春秋時代發展迅猛，春秋中期時秦穆公已能稱霸，與晉、楚兩強比肩，最後還在秦王政（即秦始皇）時統一天下。而當初位高權重的鄭國，在春秋初期雖然一度強盛，最終還是淪為二流小國，在晉、楚兩國的夾縫中苟且偷生。

從歷史的長河回頭來看，當我們預測到國家即將面臨大難時，應該是堅守崗位，一同共生死？還是運用各種關係趕緊「跳船」？這當然很難有一個標準答案，不過從鄭國與秦國日後發展的軌跡，或許可以帶給我們一些不同的啟示。

## 參考資料

李峰，《西周的滅亡——中國早期國家的地理和政治危機》，上海：上海古籍，二〇〇七年。

國家圖書館出版品預行編目資料

爆料商周：上古史超譯筆記／野蠻小邦周著.
-- 初版 . -- 新北市：遠足文化，2020.05
面； 公分 . --（潮歷史）
ISBN 978-986-508-063-1（平裝）

1. 上古史 2. 中國史 3. 通俗史話

621.09 109005362

潮歷史

# 爆料商周

上古史超譯筆記

作　　者──野蠻小邦周
編　　輯──王育涵
叢書主編──蔣竹山
總 編 輯──李進文
執 行 長──陳蕙慧

行銷總監──陳雅雯
行銷企劃──尹子麟、余一霞
書籍美術──吳郁嫻
封面設計──謝捲子
圖片提供──達志影像、臺北故宮博物院、殷周青銅器地理資訊系統

社　　長──郭重興
發行人兼出版總監──曾大福
出 版 者──遠足文化事業股份有限公司
地　　址──231 新北市新店區民權路 108-2 號 9 樓
電　　話──(02) 2218-1417
傳　　真──(02) 2218-0727
客服信箱──service@bookrep.com.tw
郵撥帳號──19504465
客服專線──0800-221-029
網　　址──https://www.bookrep.com.tw
臉書專頁──https://www.facebook.com/WalkersCulturalNo.1
法律顧問──華洋法律事務所　蘇文生律師
印　　製──呈靖彩藝有限公司

定　　價──新臺幣 350 元

初版一刷　西元 2020 年 05 月
初版二刷　西元 2020 年 07 月
Printed in Taiwan